全国青少年校园美文精品集萃丛书 少年的你系列

# 少年的你
## 是耀眼夺目的光芒

《中学生博览》杂志社 选编

时代文艺出版社

图书在版编目（CIP）数据

少年的你是耀眼夺目的光芒 /《中学生博览》杂志社选编. — 长春：时代文艺出版社，2021.3
（青少年校园美文精品集萃丛书. 少年的你系列）
ISBN 978-7-5387-6304-1

Ⅰ. ①少… Ⅱ. ①中… Ⅲ. ①作文－中学－选集 Ⅳ. ①H194.5

中国版本图书馆CIP数据核字（2021）第007397号

出 品 人　陈 琛
产品总监　邓淑杰
责任编辑　曾艳纯
装帧设计　孙 利
排版制作　隋淑凤

本书著作权、版式和装帧设计受国际版权公约和中华人民共和国著作权法保护
本书所有文字、图片和示意图等专有使用权为时代文艺出版社所有
未事先获得时代文艺出版社许可
本书的任何部分不得以图表、电子、影印、缩拍、录音和其他任何手段
进行复制和转载，违者必究

## 少年的你是耀眼夺目的光芒

《中学生博览》杂志社　选编

出版发行 / 时代文艺出版社
地址 / 长春市福祉大路5788号　龙腾国际大厦A座15层　邮编 / 130118
总编办 / 0431-81629751　发行部 / 0431-81629755　北京开发部 / 010-63108163
官方微博 / weibo.com / tlapress　天猫旗舰店 / sdwycbsgf.tmall.com
印刷 / 三河市嵩川印刷有限公司
开本 / 880mm×1230mm　1 / 32　字数 / 135千字　印张 / 7
版次 / 2021年3月第1版　印次 / 2021年3月第1次印刷　定价 / 36.00元

图书如有印装错误　请寄回印厂调换

# 编 委 会

编委会主任：刘翠玲　夏野虹　高　亮

编　　　委：宁　波　孟广丽　张春艳

　　　　　　李鹏修　苗嘉琳　姜　晶

　　　　　　王　鑫　李冬娟　王守辉

# Contents
# 目　录

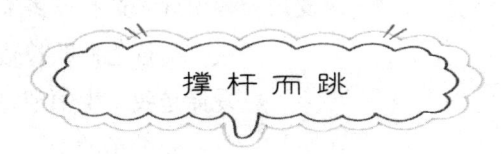

## 撑杆而跳

跨过高三的隔板向前奔跑 / 王小棉 002
撑杆而跳 / 董　红 010
佳肴 / 无　恙 016
致我最亲爱的 / 果　舒 021
旁观者 / 鹿　眠 025
大学你好 / 翁翁不倒 030
左手来握握右手 / 钟龙熙 034

## 再次掉进女生窝

人生处处是笑点 / 方　悫 040
听说精神病院和大肥小巧更配哦 / 范叶婷 043
我有一条红线裤 / 佟掌柜 047
再次掉进女生窝 / 骆　阳 050
最佳"损"友 / 董　红 054
朋友圈里一天读一本书的那个人 / 愈　之 058
我们白着呢 / 罗观平 061

## 最美的女人

温暖是回到不用漂泊的小地方 / 夏南年 066
爱是一起说许多话吵许多架 / 龙 蛋 072
爸爸们的长路 / 小太爷 077
爱你是我一生中理想 / 叶佳琪 081
最美的女人 / 倾城流年 086
不负天真 / 李寻乐 091
时光记·老许 / 草帽儿先生 095
家有青梅与竹马 / 长发及腰 098

## 在那段名为青春的日子里

在那段名为青春的日子里 / 宠物酱 108
夏日里的不老歌 / 林淳一 115
歌声与你立黄昏再见年少时光 / 宁永顾 120
青春的光景，匆匆走过 / 马佳威 125
从《夏洛的网》说起 / 愈之 128
我只是想写篇作文 / 小太爷 131
即使没有明天也要守护 / 罂粟 134
时光时光慢些吧 / 龙 蛋 138

## 就是这种小孩子

就是这种小孩子 / 谢雨柯　144
让我为你解析一枚文科男 / 夏南年　151
三毛,沙漠里的天堂鸟 / 吴瑞特　159
腰花和汤圆 / 一个不留姓名的小仙女　162
鹿眠和多比一起走 / 鹿　眠　167
同桌 / 钟龙熙　173
我有一个长得很帅的闺密 / 李　殿　180

## 家在远方

家在远方 / 骆　阳　188
在每个星光陨落的夜晚 / 若宇寒　194
最温柔的月光 / 阿　狸　198
非要山穷水尽,才能伸出援手 / 左　夏　202
一个平静的夜晚 / 二　笨　205
带我回家的猫 / 倪瑞琪　208
记阿青 / 蒋一初　213

# 撑杆而跳

# 跨过高三的隔板向前奔跑

王小棉

## 1. 呀，高三

高三是从什么时候开始来临的呢？对我来说，应该是在2012届的学姐学长们开始高考的那一天吧，2012年6月7日。不知道是什么时候哪个同学在教室问了一句，为什么高考要安排在每年的6月7日、8日呢？然后就有人回答，因为六七八，录取吧。

之前每一年的6月7号至6月14号我都享受着八天的假期，玩得都快忘了家在哪里了。但这一年的中高考假就没有那么轻松了，回家之前，我收拾了一大堆以前没有做的卷子，那些老师都评讲了还是一片空白的模拟卷，答案和卷子夹在一起，都是崭新的，有些卷子找不到答案，有些答案找不到卷子，完整的没有几套。

我觉得我不想强调之前的自己是多么懒惰，反正都那样，每个坏学生心里都知道自己是什么模样，我又何必再像在炫耀什么一样无耻地说出来。至于我为什么突然就决定努力了，可能是因为一个下午。那个下午我如往常一样和两个最好的朋友周祁、江阳一起去吃饭，他俩都是火箭班的学生，学校的重点培养对象。他们在餐桌上讨论着上一次的月考，谈论几道做错的题，几个弄混淆的知识点，时不时还会说出一两个年级前十名的同学的名字。而那些题、那些知识点对我来说都是陌生的，以及那些前十名同学的姓名。但不知道为什么，沉默地吃着饭的我，莫名地就把那些名字一一记了下来。

吃过饭之后，江阳要去书店买书，周祁要去买明天的早饭，可是时间不多了，还有十几分钟晚自习就要开始了，于是我们开始奔跑，奔跑在华灯初上的大街上。周祁跑起来就像个猩猩，冲在最前面，江阳跑在中间，我那龟速自然跑在最后了。江阳跑了一会儿停下来等我，他说："小棉跑中间来，别落下！"

三个人都已经是快十七岁的大孩子了，在每个人都正常行走或者悠闲散步的街头像小朋友一样追逐打闹前前后后地狂奔着，可惜我不是局外人，不然真的想站在那时候的我们身后，看一看飞奔在人群中的我们，那一定是一个很温馨的画面。我怀念那个下午，至今都记得很清楚那时候一起奔跑的感觉，就像是释放了一般奋不顾身地追赶，追赶跑在前面的周祁，追赶时间。我的心里有个声音在叫嚣着："我想，我想追上他们！"

我也记不清到底有多少张卷子，可能是十张，可能是十几张，我只记得那八天有七天我每天都七点半起床，每天几乎都在做卷子。不知道一天是做了半张还是一张或者是两张，反正当时每天有接近七个小时都趴在书桌上。那些别人能考一百二三十分的数学卷子，我做着第一道题就觉得不简单，那些难度标着一颗星的阅读，我每次都只能对一两个，所以我平均每张卷子都要花四个小时才能做完，并且没有做对过一道难度较高的题。我不知道你有没有过那种感受，即使自己很想很想努力，也真的在努力，可是挡在你面前的隔板还是那么高，不管你跳得多辛苦，也看不到隔板那边的世界，而你唯一的出路就是让自己长高，一直高到你可以跨过那道隔板为止。虽然清楚地认识到了自己的能力和层次，也有过气馁，却没有过放弃的打算，因为我是真的下了很大的决心，想要成为一个住上面楼层的人。

第八天，我没有再做卷子，一觉睡到了十二点。

那天下午一点左右，我坐在梳妆台前面，拿着把剪刀，剪掉了留了两年的长发。

我本以为我可以一刀剪掉的，本以为动作还可以再潇洒一点儿的，可是头发太多，剪刀不够大、不够锋利，结果本来很潇洒的一件事，被我干得婆婆妈妈。好在，数剪刀之后，披肩长发终于变成了及耳短发，我看着镜子里的自己……天哪，一不小心剪太短了！

为什么要剪头发？当然是为了迎接高三啊，削发立志啊。

其实我自己也不太清楚，那时候为什么剪头发，光说是为了立志似乎有点牵强。但现在大概已经有资格说那时是因为所谓的自由吧，因为我决定不再放任自己把自由当作懒散的借口，所以暂时决定将它关押起来。

看着镜子里那个滑稽的短发女生，我突然想到一个很严肃的问题：糟糕，这个夏天，还怎么穿裙子？

## 2. 嗨，高三

6月14日下午，高考中考都已经结束，回到学校的时候学校已经平静了下来，除了几条横幅和校门口的LED屏幕上仍然激动地在闪烁着"诚信考试"四个字。而那些高三学子早已不在学校，高三的老师们也已经放假。听说6月6日晚上，这里的三栋教学楼下全是学长学姐们扔掉的书本、卷子之类的东西，场面极其壮观。我抱着一箱子书到教室的时候，教室里只有几个人，很不幸，我一直想要坐的那个位置，已经被先到者占了。

那是初中的时候所有人都忌讳的位置——讲台两边的

座位，专给班上最调皮的学生准备的。高中之后，那两个位置竟成了学习认真的学生的专属座位。据我的观察，那两个座位被换得很勤，因为班上的座位不是强制安排的，只要有人愿意和你换，你坐哪里都可以。时不时就会出现那么一个突然决定认真读书的同学，跑去和那个讲台旁边的同学换座位，成功的概率竟比想象中的大。同意换座位的人也是曾经这样热血过的人，只是即使在老师眼皮底下也没能坚持多久。在我的记忆里，只有陈利在那个位置坐得最久，不知道是一学期还是两学期，但是后来再也没有回去过。似乎是在她从年级一百多名变成了年级前五十之后，也许是不需要那个位置了吧。

想要坐在讲台旁边，应该是对自己不够信任，所以才想要强加一道禁锢在身上。如果一点儿手段都不用，一腔的热血是很容易被凉水冲刷掉的，看到座位被占之后，心里也有过一点点懊恼，或许是一腔热血过了头，冷静下来之后才发现，形式其实不是那么重要。我挑了一个靠窗的位置，靠近阳台，此时窗外的景色已经变了，但是这景色却也不陌生。那时候，这里还不是高三校区，而是初中部，是后来才改成高三校区的。我从这里初中毕业，马上就要高中毕业了，所以我又回来了。虽然只是纯属巧合，但我还是喜欢把它称作命运。

我花了很长时间才把这学期的卷子用小夹子分类夹好，以前从来不会这样做，反正整理了之后也会被弄乱，但是那一次之后，我的卷子资料一直保持着分类的样子，清清楚楚很好查找。后来地理老师跟大家说"把这些东西整理好你就差不多成功了一半"的时候，我是真的很认同。一个自信的人，向来都有条不紊。

## 3. 日记一则

6月15日　星期五　晴

　　莫名其妙地总是想到一些事情，也许是高二还没来得及回忆完，高三就到了的缘故吧。

　　想起了半期考试，就是前不久，大概一个多月以前，30班那几枚大神在语文考试的时候作弊，结果分数出来之后全部都是三十分。也不怪他们，语文考试要作弊还是需要很高的技术含量的，尤其是遇到批卷老师闲得慌没事做，专门来调查疑似作弊的卷子的时候，那基本上就是没有可能逃得掉了。好像那次那些被抓住作弊的都是因为答出了某道文言文里一个极为生僻的词语翻译。生僻到什么程度呢？以普通高中生那种所谓的见多识广也是没有办法涉及的。所以，谁要答对了这道题，谁就要被怀疑有问题。遇上这样明察秋毫的老师，也不怪30班的大神们技术不过关了。

　　后来那些作弊的同学被怎么处置的，我也忘了，只记得在某节晚自习上，他们被叫去了办公室。从此再也没回来……

　　当然，上一段最后一句是拿来搞笑的，那八个人，最后每一个人都出现在了毕业照上。

　　还有，大概就是那件事之后几天吧，"五一"就来了，"五一"回来之后便再也没有课间操了。

　　在我们那个中学，进了高三部就意味着课间操也被取消了，因为高三部就只有三栋教学楼，和本部隔了一座天桥，要去做课间操得走老远。每天中午几千名饿急的高三学子冲过天桥去食堂吃饭的时候，那场面叫一个壮观。而"五一"之后虽然还没有搬进高三部，但是因为重庆的夏天太炎热，每年的课间操都是在"五一"就停止。在这之前每一学期，想到"五一"回来就不用做课间操，大家伙可是十分开心的。因为课间操有三十分钟的时间，这三十分钟不做操了，就可以去小卖部晃一圈，加点餐，或者去打会儿篮球。

　　可是这一年最后的课间操，看上去却不是一件多开心的事。那是放"五一"的前一天，下了一点儿小雨，要是以前这样的小雨，大家是肯定不会跑下楼去的，只会坐在教室里等课间操被取消的通知，大家都是懒人，至少对课间操是没有特别大的兴趣的。可是这一次，明明就飘着小雨，大家的嘴里仍然说着"下雨了，不做操了吧"，却还是在朝楼下走，跟着那条涌向操场的长长的人流，我挽着同学的手，混在人群里，习惯性地在人群里寻找暗恋的那个男生的身影。到了操场之后,体育老师说课间操取消了,大家没有像平常那样哄闹而是当出来散了个步似的说着笑着又回去了,因为他们早就知道这个结果。我仍然跟在人群里,机械地朝教学楼走去。因为这是高中时代最后一次课间操了,很多事情到了最后,都会感觉还不圆满,所以总是想要用好好告别来弥补。

　　大约是要走出操场的时候吧,很多人开始朝后看,我也跟着大家的目光转身,看向大家注视的方向。主席台前,不知道是哪个班,冒着雨在做操,然后另一个班也开始在做,很多人都停了下来看着这两个班,没有广播体操的伴奏,站在远处也听不到他们喊的拍子,动作也不整齐,乱糟糟的,这场面看上去虽然滑稽,却莫名其妙地让人有点儿酸鼻子。

　　那,就这样吧。高三,你好,再见。

# 撑杆而跳

董 红

我确信这几天家里的镜子出了问题,竟然把我照成了"大娘"的模样!有没有搞错?双层的不是眼皮,是下颌;大气的不是举止,是脸庞。怎么会这样子呢?后来发现不只是家里的镜子,商场的试衣镜,学校的仪表镜都统统"坏掉"了。我绝对相信是镜子的问题,而我还是那个我,对,就是现在镜子里出现的这个模样:亭亭玉立,长发飘飘,笑起来眼睛都会说话,还一不小心露出了一颗调皮的小虎牙……

"心怡,心怡,干吗呢?"仿佛飞出去的魂刚刚附了体,定睛一看,镜子里的美女走下来了,是雨晴。

雨晴的美是清新雅致的。我俩虽说是闺密,可我对她却心有余悸,她美得都要滴水的样子,怎么会喜欢和"大娘"级别的我做朋友呢?

"不和粗糙的臭石头在一起,你知道雨花石有多美吗?"每每我问起她这个问题时,她总是一边撩拨着及腰的发,一边狠狠地白了我一眼,那么傲骄。

"喊,人家原来也是美美的好吗?小心我哪天把臭石头身上的泥浆糊你雨花石身上!"闺密是什么,就是不敢和别人说的放肆的话可以和她说,在她面前不必思量不必斟酌,不必掩饰,想怎样便怎样。闺密,闺密,一句话,和她在一起,闺阁里没秘密!

"这两天中午,我看少帅总往你座位上跑,有情况吧?"少帅是大班长,高高的个儿,黝黑的脸,浑厚的音,不特帅,但特男人。他在班上布置工作特有范儿,也不知为什么,他话虽不多,却句句有力量,班上的调皮捣蛋鬼都对他有几分敬畏。因为他,我那颗小小的心呀,跳起来总是严重超速。

"啥情况?完全是工作需要,你别忘了,人家不仅是美女,还是学委哦。"最讨厌雨晴那副貌、品、学皆优的姿态,我吐!

"德行,世界都给你得了!想想我以前也是那么美,都忘了怎么骄傲了。等我减肥以后,我做雨花石,不,做钻石,专晃你眼睛。得,今天中午不吃饭了,晚上也不吃,再买两斤巴豆!"

"第八次。"

"今天已经第八次说减肥了吗?有那么多么?哎,听说这家砂锅麻辣烫味道不错,要不要尝尝?"

"不要志气,神也帮不了你!"雨晴一边骂我,一边被我拽进了店里。

盼啊盼,终于盼到了生物课,中午为了这节课精心打扮了一番。画了三遍眼线,不像熊猫,倒有点儿像它姐。戴上了每逢重要节日才戴的发卡,穿了件浅粉色的衬衫,自以为美得不要不要的。什么?你问我生物课又不是选美课,为什么这么捯饬?忘了告诉你了,生物课是按学号排坐的,我是33号,和34号一座,34号是……我们少帅!我的心,你懂的。

"解剖蟾蜍?!"有没有搞错,你能想象一个优雅漂亮的淑女一手解剖刀一手实验镊,在一只蟾蜍身上左划划右拉拉是什么感觉吗?

"巨恶!"心里的话在少帅面前翻译出来是这样子的:同桌,那是件多么残忍的事情呀,我们不是该爱护小动物吗?怎么能做这样可怕的事情呢?这样做我的心里会很难过的。我本意是再挤出几滴眼泪就更完美了,可终于没有做到。不是说男生都喜欢善良、娇小的女生吗?

"你只要在一旁观察就好,我来解剖。"

于是,我真的很仔细地开始观察着——他的眉毛又黑又粗,眼睛里泛着刚毅沉着的光,动作娴熟又谨慎……果真是一只帅帅的青蛙王子呢。

"看清楚它的肝、胃、肺的位置了吗?"老师走过来问我。

"哦,看清了。"

"分别在哪?"

"都在肚子里。"

老师批评了我,我是真不服气,难道我说得不对吗?少帅瞧了我一眼,目光由冷静变成了冷峻,只这一眼,我的心顿时沉了下去。我这才发现,在喜欢的人面前,人会变得那么脆弱。

"以前以为他是特别的,不会以貌取人,会看中我的内在美,现在才发现他也终究是不能免俗的。"

"你的内在美在哪,我怎么没有看到?"闺密的一句话倒如重重的一锤一下子敲醒了我。

是啊,我的内在美在哪里呢?德,不尽善,不全孝;智,成绩中等,能力平平;体,在八百米跑时晕倒,又吓哭在半山腰;美,自不必提;劳,做事或将就,或对付。

"哇!"我一下子哭了起来。

"总是干打雷不下雨,有意思吗?大娘!"雨晴的白眼仁儿好像特别多。

"人家今天抹眼线了,不能掉眼泪。"

回家躲在自己的小屋里,想想少帅瞅我的那一眼,又回忆起雨晴的话,觉得她说得很对,优秀是有磁场的,只有自己变得足够好,才能吸引来你想要的好东西。在变好之前,莫贪心。于是我从床上爬起来,开始认认真真地制订了我有生以来的第一个成长计划……

接着，不知有多久，用雨晴的话说我脱胎换骨洗心革面重新做人了。我真的潜下心来学习，和函数、英文较劲，我用心做事，只要做了就坚持下去并做好为止；我开始健身，开始在各种活动中"抛头露面"，并将自己所钟爱的读书与写作看得和吃饭、睡觉一样重要。

那段时间，日子过得好充实。有事做，有目标，有希望，感觉日子一边跑一边发着光。

变化最明显的是，雨晴看见我精神抖擞的样子，再也不叫我"大娘"了。

直到有一天，偶然在一本较知名的杂志上看到了我的文章，雨晴像发现新大陆一样，非要黑我顿星巴克。结果我用了高于稿费两倍的money请了这个平日里吃猫食的家伙。对于雨晴突然变成大胃王，我很是疑惑。我问她："那么重身材重形象的家伙怎么突然吃起来肆无忌惮，不怕一不小心长成我的模样？"

雨晴笑了笑，"就是看见你才放心吃的。那么胖的你如今都瘦下来了，我偶尔解解馋也没什么不可以的。"

这才向身后的仪表镜望去，从前的我又回来了。顿时觉得身上清爽许多——突然感觉裤腰太肥，裤子直往下掉。

接着，雨晴开始感慨爱情的力量可真大呀，能给人带来翻天覆地的变化，然后她又问我："现在时机成熟了，什么时候约下少帅?"

我眨了眨眼睛,一副思考者的模样,"少帅是谁?"

我对雨晴说,我们在路上走,心里向往的东西有时就像一根竹竿,助你一撑一跳,而当你离那个高度越来越近,就要翻过那个障碍后,或许是出于惯性,我们往往又有新的追求、新的想法,只顾向前走了。

"又有新目标了?"

"暂时没有,只想让自己变得好些再好些,达到《欢乐颂》里安迪那样的高度,然后再向美好而成熟的爱情飞奔而去!"

"完美!"雨晴摆出金星姐的招牌动作。呵,神似!

# 佳　肴

无　恙

今年新出的何炅跟王嘉尔主持的《拜托了冰箱》与《透鲜滴星期天》都是与美食息息相关的节目。不看则已，一看则喜。

每一个吃货待美味佳肴都是独爱情怀，然后我就边看节目边追溯起记忆里抹不去的味道。

早年家里有个烧柴火的灶台，上面的大圆洞常年放一口大锅，做饭煮菜烧热水都是用的它，长时间的柴火烧熏，使大锅底部附上一层厚厚的锅底灰。那时候常在巷子的尽头蹲点儿，看邻里老姆（潮汕话音译，指老奶奶）将锅反着放在地面，用锄头刮掉那层锅底灰，之后地面会留下圆圆的一圈锅底灰。

那时候煤气炉还不那么盛行，村里只有部分家境较好的在用。早晚饭点时分，家家户户起火做饭，满村的烟囱开工，炊烟袅袅升起，勾勒出浓郁的乡村韵味。于青春年少的我们而言，是深刻的记忆。

记事那几年，父亲教会哥哥生火煮饭等基本功后隔三差五一忙活儿就把做晚饭的任务全权交给他。说来也怪，那时哥哥也不过十来岁的年纪，生起火做起饭煮起汤来却是得心应手到不像话，纯粹一个经验丰富的老手。

后来，犯了小孩儿贪玩的天性，哥哥索性也教会了二姐生火烧水，有模有样地指导，二姐出师后，他便多出了烧水给弟弟妹妹洗澡的时间去跟伙伴们会合戏耍。

红霞晕染天际之时，在回家的那条坡路上总能瞧见他提着在小店买的肉丸配葱花一路蹦跶着的身影，热汗涔涔。

到家后按步骤操作，洗净大米后下锅，加水，盖上特大号的锅盖，转而坐在灶口守火加柴，等候白饭熟透。

哥哥很疼爱他的年纪小小的弟弟妹妹，米饭盛入小锅后他会把粘着锅的锅巴弄起来团成团，供排行尾端的弟弟妹妹享用，所以基本上都是弟弟妹妹有口福。我排在倒数第三这个尴尬的位置，偶尔锅巴多时且哥哥想起我来才能有份，多数时候唯有默默地在一旁擦着口水看着弟弟妹妹吃。

哥哥做的晚餐很是简单，常是一锅白饭加一盆肉丸蛋花汤，上面飘着几段葱花，有时会加以改动，变成肉饼紫菜蛋花汤，总之，鸡蛋是我们都爱的必不可少的一味食材。

夏季有时候还会买一瓶大瓶的雪碧或百事可乐，一人一碗配着饭喝，五个人就着地面围着饭跟汤团团坐着，吃得极其尽兴。

父亲常交代我们饭点儿到了就先吃，用不着等他，有时晚上饭点儿他回家刚好碰上我们在吃饭，见我们个个吃得满足，便笑得慈爱，添碗筷加入我们的行列，你一言我一语中晚餐时光其乐融融。

就这样，不晓得是因为哥哥投了我们所好还是因为我们太没追求，这样简单的晚餐总能得到我们的集体认可点赞，甚至在烹饪时总会止不住地期待能够快点煮熟，我们好早点儿吃到。

后来煤气炉普遍化，家家户户购置，但为了节俭煤气费用，多数人家仍然用柴火灶用得比较多，煤气灶只偶尔启用。

许是尝到了煤气炉方便使用的甜头，此后父亲清晨煮早餐都是在煤气炉上进行。

不晓得什么原因，有段时间我早上都起得很早，睡眼蒙眬地呆坐在床沿，父亲又绽放他慈爱的笑颜，道："那么早就醒啦。"得到的回应是我带着拖音的一声"嗯"。

静默了一会儿，父亲突然询问我要不要吃豆浆油条薏米，瞬间我精神头儿就来了，点头如捣蒜，生怕父亲改变主意，即刻跳下床沿，嚷嚷着"阿爸你等我，我刷牙洗好脸后就跟你一起去买。"然后趿拉着拖鞋屁颠屁颠地去洗漱。

归来时父亲手提着一些刚买的食品跟生活用品，步伐稳健，我则如愿提着主动请缨到手的薏米油条以及一整包豆浆晶，小心翼翼。

到家里安放好东西，父亲便拿锅接水放煤气炉上煮至临沸，打开豆浆晶倒进锅里后搅拌，再下两三颗鸡蛋，搅拌，完工出炉。

父亲在叫我的兄弟姐妹起床的同时我在餐桌前一手持着调羹舀豆浆一手拿着油条默默开吃，心满意足。

我们吃父亲做的饭菜吃了十多年，纵然时间这样久，父亲也没能清楚地掌握我们的食物偏好。因他鲜少与我们沟通交流，也并不像那些主妇们那样细心于观察综合，更不擅长变通。

往往餐桌上出现不一样的菜式且合我们口味的话一般当顿就会光盘，然后接下来几天这道菜就会不断地出现在餐桌上，父亲这样的重复无一不让我们对那些菜式由爱变怕，好比之前的豆浆油条跟后来的肠粉炆面，而一旦我们开口跟父亲说明吃多回已经腻味后，再见这食物便是在计不清日子的将来。

父亲年少时家里食物欠缺，为了下饭奶奶炒菜就下很多盐，以至于父亲对咸度异常敏感，他做好菜后总会问享用中的我们会不会太咸，在我们回应后安下心来，嘀咕着

"不咸就好"等话。

二姐上初二以后，父亲便开始让她接手做晚餐的活儿，回回不忘提醒她盐不可以放太多。父亲偶尔会买我们很少吃且难处理的食材回来，通常都是把菜的做法简单说一遍后便出去溜达，徒留我们对着食材干瞪眼。父亲这样的随性让二姐很是头疼，有时候实在不知道该怎么整便气鼓鼓地把食材洗好后放置一旁待父亲回家自行解决。

高二下学期，二姐周末放假回家常专注于尝试做反砂芋、寿司、玉米胡萝卜排骨山药汤等食物，并且万恶地拍照上传，引得我在他处刷动态之时口水横流仰天长叹：美食啊，我们的缘分哪儿去了？呜呼哀哉。

遗憾我没能将父亲的厨艺好好地传承，五六年前粘锅许多回，做出来的菜基本不招弟弟妹妹青睐，他们的味蕾在无奈中被我折磨了两个半载，而我于下厨的热情也在这两个半载当中消弭殆尽，厨房当真不是我的天地。

如今家里掌勺的是母亲，事实证明还是母亲比较适合持家，营养搭配食物合味，轻轻松松地就搞定家里的一日三餐，并且深得我们所爱。

父亲做的南瓜饭、哥哥做的肉丸鸡蛋汤、二姐的招牌玉米胡萝卜排骨山药汤我还是会不时地想起，记忆中的佳肴，抹不去的味道。

# 致我最亲爱的

果 舒

My Miss Tortoise：

　　北国的冬天冷吗？你是不是穿上了臃肿的大衣在人群中穿梭，还是一边流着鼻涕一边固执地穿着裙子秀你的大长腿呢？

　　一年不见了，你突然打电话说今年新年不回来了，厚厚的失落感把我紧紧包裹，心里湿漉漉的，像是下了一场滂沱大雨，把阳台的花儿都打碎了，落了一地悲伤。

　　我这么说不是对你不回来感到难过，只是怕你太想我从而无心工作罢了。"死鸭子嘴硬"，你是不是想对我说这一句？被我猜到了吧！对啊，是我想你了。每年的跨年都与你相伴，今年没有你，我想我会不习惯的。

　　我们是一条裤子穿到大的闺密。所谓闺密，我的理解就是彼此是对方伤心难过时的心情垃圾桶，是在把对方骂得狗血淋头后一拥抱就能冰释前嫌、继续勾肩搭背约着去吃麻辣烫的关系建立者。你替我挨过老师的板子,虽然事后你为此哭了一个钟头并奴役了我一个半月帮你拿书包。你为我跑到一座小城买生日礼物,虽然最后你吐着舌头伸出空空的手说什么也没买到,我生气你没事儿总干些傻事儿,但看见你肿得起泡的脚丫子时,我瞬间就原谅了你。

当然啦,我也没少为你做过那些一想起来就可以温暖时光的小事儿。

小时候的你风风火火像个小哪吒,走到哪里都要捅几个窟窿才甘心,跟你形影不离的我就总免不了受到牵连。老师压堂时你在底下大嚷着"下课了,下课了"宣泄不满,最后被满脸黑乎乎长得跟包拯有七成像的老师拎出教室画下圈圈罚站;我被别人欺负时你第一个冲上去跟他扭成一团,不管三七二十一,也不先问我前因。有一回一个男孩子玩笑地推了我一把,你立马冲上去一把把他推倒在地劈头盖脸就是一顿骂,后来那个男孩子见到你就脸部发青额冒冷汗,远远看到你也会绕道走。

这样一个可以跟女汉子等价的你,到了后来怎么就成了人人口中的"淑女"了呢?真真是女大十八变啊!

高中时,你开始穿裙子、蓄长发、走路是小碎步,脸上的微笑永远甜美如小仙女。你说,在青春年华里,就该有自己最青春无敌的样子。你说这话的时候轻声细语,可眼神里那股傲娇劲一下子就暴露了你女汉子的本性,我忍不住"扑哧"一声笑了,再萝莉的外表都掩盖不住你那颗汉子的心啊。不过,这样矛盾又真实的你,才是我最喜欢的呀!

十七八岁的你,虽然脸庞略显稚嫩,但走到校园里已经开始吸引少男们的目光了。你在我面前嘚瑟地数着情书,然后托着下巴睁着灵动的大眼睛无辜地说:"要是因为我影响了他们的学业了怎么办啊?都怪我妈把我生得太漂亮了。"带着一点点轻度自恋,乌龟小姐,这病可不好治啊。

大一时你谈了人生中的第一场恋爱,你怕我担心不敢跟我说,直到你分手了哭红了眼我才从你宿友口中知道事情经过。那次我跟你大吵了一架,生气你这么重要的事都不跟我商量,生气那个没有眼光的男生让你如此伤心难过,更生气我自己不够好,不够细心,不能够保护你。

从你找我的时间渐少时我就该察觉的,是因为太信任,还是因为太习惯所以容易忽视。我骂完你后自己也哭了,然后我们两个就抱着一直哭,仿佛末日来了,而紧紧拥抱的我们是彼此唯一的诺亚方舟。

你说你喜欢北国的琉璃瓦反射出的暖色夕阳,很重很重的光芒。就像郭敬明在小说里描写的那样。

你说这话的时候眼睛里绽放着光芒,闪烁着,闪烁着,把满天的繁星都比了下去。后来,你去了北国,二话不说拉着行李箱就走了,和小时候为我出头时一样冲动。

你经常会给我寄明信片,只言片语,只是为了告诉我你安好,一切都好。

乌龟小姐啊,南方的冬日好暖,我在暖暖的冬日里给你织了条围巾,天晴时把它拿出去放在栽满玫瑰花的阳台上晒太阳,让它沐浴在玫瑰花香中,把南城暖阳的所有温暖都盛满。

等北国再次下起雪来的时候,你就可以收到了。我相信它会很温暖的,因为阴天的日子里我偷偷藏了枚太阳给你。

我还是会在这里等着你回来,还是会期待你突然如年少时一样冲动,一个行李箱拎起就跑回来了。还是会在睡午觉时想象着,当我甫一睁开眼睛,就能看到你出现在眼前,咧着嘴笑容明媚地对我说:"兔子,我回来了!"

Your dear Rabbit

# 旁 观 者

鹿 眠

### 你在我窗前经过

我又看见你了。

你每天都要经过我家面前的马路,每天早上八点准时出现,于是我的八点钟练琴计划变成了恋情与等你出现。

窗外有棵三层楼高的玉兰树,它似乎是知晓我的心事的。每当你要出现前,它总是发出沙沙的声音,像是轻轻地呢喃:"嘿!快看!他来了!"

之后你就出现了,骑着自行车背着偌大的黑色背包,戴着耳机,如同自由欢愉的小鸟一路高歌着奔向前方。你唱周杰伦,也唱林忆莲,有时你的声音大些,过去后我还能听到其他邻居的埋怨:"又是那个臭小子,整天拉着嗓子唱些奇奇怪怪的歌！"

我听到邻居们说这些时总是忍不住扑哧一下笑出声来。我这一笑，琴声就停了，我这一停，母亲便立马闯进房间来，用一种哀怨和痛苦的神情望向我，一句话不说，也宛若说了万千句。于是我又把手放在了黑白琴键上，她便默默退了出去。

阳光总是准时从窗子的那一段穿越到这一段，然后矜持地坐在琴键上，也坐在我放在琴键的手上。我总是忍不住顺着阳光往外看，玉兰树一动不动地晒太阳，它的顶端泛着鹅黄色，阳光把它叶子原本的绿给舔尽了，继而又心满意足地铺上光的色彩。

我突然想到了你黑白色的校服，它把你罩在里面，也送给你一个少年该有的青春与活力。很多时候我都在想，最初吸引我的到底是你的声音，还是那件曾经也罩在我身上的校服？

我喜欢你经过我窗前的每个清晨，有漂亮的太阳，有安分的玉兰树，有伴着歌声出场的穿着校服骑单车飞驰的你。

### 你在我的梦里唱歌

我又梦见你了。

梦里你还是那样穿着宽大的校服，骑着车，经过有玉兰树的街道。我居然站在玉兰树下，你经过我身边时停了下来，微笑着对我唱歌，唱周杰伦的唱林忆莲的，一首接一首。突然，你停止了唱歌，脸色大变，慌张地爬上自行车，飞快地离开。我不知为何，就往前去追你，却发现怎么也迈不开腿，我低头看向自己，我的腿不见了！从胯部以下全都不见了！我就这样半个身子悬在空中！如何都动弹不得！

我猛地一下睁开眼睛，吓出一身冷汗，大口大口地喘着气。我望着漆黑的天花板，眼泪一股股涌出来。我像个将死的人一样躺在床上，这十九年来的一幕幕像放电影一样在脑海中上演。

剧本非我执笔，可主角是我。或许是作者忘了给我加主角的光环，又或许这本身就是个悲剧吧。所以我很羡慕你呀，小少年，你的人生一定是部漂亮的喜剧，有歌声，有风，有旋转的自行车车轮，还有一点都不合身却是青春象征的校服。

我已经不流泪了，只是在辗转，无法入眠。另一个房间里的母亲，我不知道这样的不眠之夜，她是怎么挺过去的。

## 你在我的心底沉睡

我每天都在练琴，练琴，练琴。终于有一天，我的琴声被路过的一名音乐老师听见了。他循声而来，他觉得我是个人才。当他在与母亲聊天中了解到我家以及我的现状时，更是对我赞赏有加，并极力推荐我参加一个月后的音乐比赛。据说这场比赛市领导格外重视，并且奖金丰厚，这对家庭拮据的我来说是巨大的吸引力。

  我就在一个月后的比赛后台中看到了你，尽管当时你穿着一身亮闪闪的衣服，还把头发全部立了起来，但我还是一眼就认出了你。你快要上场了，却还认真地与伙伴练着歌。你终于要上场了，主持人在念词时，你站在后台与舞台的连接处，表情严肃得像个穿着铠甲马上要与千万敌军厮杀的战士。你与伙伴共唱了一首周杰伦的《霍元甲》，可我总觉得你每天路过窗前唱的那些林忆莲的歌更好听。

  轮到我上台。我在工作人员的协助下，挪到钢琴前这小小的一段时间里，我甚至能察觉到观众们屏住的呼吸。一曲毕，台下掌声雷动，我长长的红色裙摆拖在地上，像一朵媚人而妖艳的花。

  主持人上台亲切地握住我的手，声情并茂并添油加醋地向观众叙说了我的情况——八岁父母离异，跟着母亲生活。十岁车祸，花了巨额医疗费，捡回半条命，却失去了双腿，从此辍学在家学琴。母亲省吃俭用，买了二手钢琴，经过近十年的努力，终于重拾对生活的信心……我像个被人掀起裙摆，把伤口暴露在人前的可悲小丑，站在台上，窘迫地迎接着人们一波接一波的掌声。

  不出意外，我获得了第一名，拿到了高额奖金，也被推荐到了省里参加比赛；然后再听主持人说我的故事，再拿奖，再去全国性的音乐节目参加比赛……

我像个旁观者一样看着自己。我的家也在慢慢变大，然后搬离了那条种满玉兰树的街道。后来再遇到那个音乐老师时，他聊起当初市里的那场比赛，也说起了你这个常路过我家的小男生，正巧你在他的班级里。这个老师是本市某大学音乐学院的老师，他说你不学无术，混到这三流大学，在班里也是经常旷掉音乐基础课的学生。

我叹了口气，想到被风吹得沙沙作响的玉兰树，想到每天在玉兰树下穿着校服骑车唱歌的你。也想到了每天坐在窗边练琴的我，阳光总是把你抱在怀里，把我抱在怀里，把玉兰树和琴也抱在怀里，却独独没有顾及你的歌声。

玉兰树前再也没有那个骑车高歌的少年。玉兰树后，也再无那个努力练琴的年轻残疾女孩。

我们都是他人生命中的旁观者，我躲在玉兰树后看见了你的整个青春，无所谓结果在外人看来是好还是坏。

我是你的旁观者，你该在我的心里睡去了，连同那棵被太阳染成鹅黄色的玉兰树。

或许它才是所有人的旁观者，它不说，谁又知道呢。

# 大 学 你 好

翁翁不倒

室友觉得自己从第一天入学开始就一直在倒霉。

先是拉着行李箱找宿舍的时候，上个楼梯，把行李箱轮子给磕没了。开宿舍门钥匙卡住拧不过去，一使劲儿，断在里头了……好歹进了宿舍，上个厕所把厕所门的拉锁扯出来装不回去了……

等到我作为最后一个七栋109的成员姗姗来迟时，她正"葛优躺"在她的床上大说特说她的光荣事迹，感叹什么时候是个尽头。

结果第二天要军训早起，我们几个排在外面等她上厕所，就快憋爆了的时候，她颓废地开了厕所门："我有一个很不好的消息要告诉你们……"我们几个一脸惊恐。

"是这样的，我刚才扣皮带时，把皮带那个铁框掉坑里了，然后，厕所好像堵住了……"就这样，室友用她的倒霉替我们开启了军训第一天。

好在后来平平安安，第一天的军训也比较轻松，站了十分钟军姿就打坐唱起歌了，一开始大家都比较害羞，教官叫了半天没有人有才艺展示。

教官一副我懂你们的表情，"既然大家都没有才艺，那我们就只好起来体能训练了……"一时间各路英雄好汉纷纷举手，跳舞唱歌Beatbox，脱口秀完翻跟斗，开开心心过完了第一天。晚上躺在床上的时候，我们还在感叹："没劲，一点都不给我报效祖国的机会……"

往后的几天我们就知道错了。

顶着大太阳，站完军姿踢正步，踢完正步耍耍枪，一个不小心就是五十个蛙跳、五十个上下蹲，到傍晚结束，我们已经不想吃饭了，只想回去葛优躺，但是我们连宿舍都不想走回去了……

总归还是得吃点东西才有体力，所以我们决定去买泡面。在小卖部蹭了他的热水，一碗杯面最好的时间是三分钟，那是从小卖部到宿舍的距离，所以那时候如果有人在旁边，他会看到八个一身军训服的妹子捧着杯面屁颠屁颠地跑过。

再往后的几天……算了，说多了都是泪啊！

我见过最无厘头的逃军训的理由是：我手机坏了，我要请假去修手机。

关键是教官看完还表示能理解，不过，两天后回来他就知道错了,因为教官已经记住他了,什么"好事"都第一个想到他。

我最开始提到的倒霉宿友,她也是有毒。记得那时候军训刚结束,当天晚上要开新生大会,大家都洗好澡穿好衣服鞋子出门后,走到一半,她突然叫起来:"啊,我怎么把军鞋穿出来了!"

重点是那天晚上她穿着小裙子还想给班里像国宝一样少的男生留下个好印象的,小裙子搭军鞋,想想也是醉,她一定是走火入魔了!

而我们的教官,其实也是呆萌,那天他要拿手机给我们放歌,捣鼓了半天,自言自语:"咦,不是酷狗吗,怎么变成酷我了。"

还看了我们一眼:"我记得我手机的音乐APP真的是酷狗啊……怎么会变成酷我音乐盒……"

我……我们怎么知道啊……

可是不管我们怎么抱怨军训过程难熬,怎么吐槽教官性格闷骚,到了要分别的时候,大家还是感觉到不舍,感到要说些什么才不会留下遗憾,于是班上仅有的五个男生一直大喊:"教官你好帅!我要给你生猴子!"这一天轻松很多,大多数时间都在休息,教官像变了个人,打开了话匣子,让我们坐好,他要拍个小视频给他以前带过的学生看看。

其实教官也像个贪玩的小孩子,他和我们说,一直以来那么凶那么不近人情,不过是不想和学生培养出感情,不然到时候一个个地都依依不舍了。这也是一直以来的上级规定。

可还是会这样啊,总有一些学生,到了走的那天,哭得眼泪汪汪。

他说,军训并不是目的,而是一个平台,如果在这过程中,能够教会我们勇敢、坚持,那就足够了。

谢谢教官为我们上的开学第一课!我们已经迫不及待要开启大学新生活啦!

# 左手来握握右手

钟龙熙

上课无聊,拿指甲钳在那儿修指甲,突然觉得右手中指有些畸形。骨头有些弯曲,紧贴食指的皮肤异常粗糙,相比之下,左手就显得美丽多了。

为了证实这都是多年来万恶的老师罚抄作业和布置的多得让我夜不能寝唯有挑灯夜战赶工才能完成作业的原因。我一把扯过同桌的"猪手",仔细端详。三秒钟后,某女忍不住仰天大笑的声音及举动引得同学们频频侧目,那种看怪兽一样的目光让人感到很不自在,我只好灰溜溜地当作什么事也没发生低头继续自己的冥思。

记得小学三年级的时候,语文考试没及格,老师罚我抄试卷。这不是重点,重点是她要我第二天交给她检查,当时我就有种欲哭无泪的感觉。但是,聪明如我,第二天还是如期出色地完成了任务。真相是——当晚我动用我家所有家庭成员帮我抄！试！卷！我爸我妈就算了，就连小我三岁还在上幼儿园的弟弟也不放过，是不是很邪恶呢？以防万一，我还特地警告爸爸妈妈写字不要太好看，毕竟人家才三年级嘛。你懂的。

四年级放国庆假时，语文老师突发奇想天马行空异想天开地，让我们抄书！那时的语文书多厚你可想而知，随随便便一篇课文都有八百字，八百字啊！什么概念，这让我们从何抄起？伤不起啊！最后，七天长假是在我整日手、笔与本子三足鼎立，把书本上的字一个一个抄到本子上度过的。据不完全统计，七天中我抄了一本语文书，用了三个本子，写完了五支笔。换了坐姿、睡姿、趴姿、站姿、蹲姿等多种抄姿，中间我弟还用他歪歪斜斜的铅笔字客串了一把，甚至我因抄得手臂发酸而不得不休息一下涂点万金油而又继续投身抄书大业。所以本子上点点棕黄色疑似油的物质你不要怀疑它是油，它是万金油！性质不一样。

五年级的时候，因为我们班的英语成绩是那种看到排名就知道这个年级有多少个班的类型，于是英语老师就罚我们抄单词。有一个男生很不识相地拒绝了这不平等不合理的作业，结果原本说好的两百遍硬生生地翻了一倍不止变成了五百遍！

经过前几次教训，我总结了一个规律，不能傻乎乎照着老师的话做，不然受伤的总是自己。你觉得我会乖乖地每个单词抄五百遍吗?当然有偷工减料啦!于是乎,抄单词的时候我故意把字写得和蚂蚁般大小,也不管对错,反正那么小老师也不可能拿放大镜一个一个来改,她每次都是言简意赅简明扼要地批一个"阅"字。

六年级的时候,老师们都换了,可是老师们那颗想让我们抄作业的心不变。犯错啦?抄"我是乖孩子"一千遍。那熊孩子也不傻,不可能乖乖地抄啊!他作弊的方法比我可高明多了,用钢笔在A4纸上抄满一页,然后复印若干张。当时老师一看,冷笑三声。小样儿,姜还是老的辣。"你以为这种低级的投机取巧逃过惩罚的幼稚不堪的小玩意儿就能逃过老师的法眼?那你未免也太低估我了!拜托你有点专业水准好不好!连续几张都错在同一个字同一个位置,除了第一张后面几张连字印都没有,你在搞轻功水上漂还是凌波微步呢?去,面对黑板念一万遍'我是乖孩子'。"看着熊孩子哭丧着脸上了讲台,我只能在心里为他感到同情,好自为之吧!

你以为语文老师就这点儿手段?那你就大错特错了,他可是学校号称杀人如麻魔鬼老师四人组的头儿。不想抄词语?好!听写的时候错一个打三下手掌外加抄二十遍词语,事先说明,我是吃饱饭了再打的。顿时,班里一片嘘声,众人倒吸一口凉气。

这还不是最狠的,最狠的是语文老师和数学老师齐齐开启了雌雄双煞模式,两人一唱一和,变着法儿整我们。

升中考试中数学科口算独占了十五分，整整十五分呐！于是，数学老师顺理成章地为我们订了一本口算练习，每天一页，很轻松呐！副作用是，错一题抄一百遍，所以后来做完口算作业我不是拿计算机在检验就是拿同学的在核对。

　　逃过了一劫？不不不，还有考试，考试除了自己做什么也不能干了，就这样，天网恢恢，疏而不漏，我还是逃不过抄写的命运。但是，做人不要太老实，抄算式的时候我超常发挥无意中开启了学霸模式。

　　不管是复印，还是多支笔同时写，甚至花钱请同学帮忙抄，统统派上用场了，真是无所不用其极，盛况空前啊！后来，复印纸被发现了，老师狠批我一顿。多支笔勉强过关，然后这项指上运动以一种病毒的形势迅速蔓延全班，特别是听写后、考试后、发作业后。

　　至于雇佣同学后来直接发展为一种职业，涉及日常作业、家庭作业、罚抄作业等多个领域。价格为五角到五元不等，亲，很实惠吧！五元钱就解决了师生矛盾、家庭暴力等困扰学生多年的多重问题哦。

　　小学毕业，告别了罚抄写的生涯，踏上了每天早上急匆匆赶去上学然后趁早读课偷偷借一本作业不管对错随意复制乱抄一通的不归路。还有，老弟你能不能别老叫姐帮你抄那些千篇一律乏味至极的作业了！

　　再看一眼我的右手，真是小学抄作业血与汗与记载万金油的活化石啊！以后我一定会好生待你的，右手。左手，来，握握右手。

再次掉进女生窝

# 人生处处是笑点

方 悬

准备打开文档写点儿什么的时候,电脑君老毛病又犯了,卡得要死。仅仅是打开Word就花费了我吃一顿饭所需要的时间(此处用了夸张的修辞手法你们不要信)。我一生气,想着不写了,看美剧!但是,电脑君显然不能这么轻易放过我,网页是打开了,可是刷了半天也没刷出我要看的剧!

此时的我已经气极,狠狠一拍鼠标,愤愤地说道:"我真想一砖头拍碎我的电脑!"

恰好我的室友阿松从我身后路过,听完我说的这句话打了一个冷战,跟我说:"吓死我了,我听见你说一砖头的时候,我以为你是要用砖头拍死我呢!"

洹哥只是被大家称为哥,然而其内心本质却是一个"铁骨铮铮"的少女。

某天约洰哥去图书馆学习，洰哥义正词严地拒绝了我顺带嘲笑了我："哥有饭局，自己好好学啊！"

晚上回到寝室的时候，我觉得我这一天真是充实，顺便在心底狠狠地鄙视了洰哥。然后，洰哥就推开了我的寝室门跟我讲了她一天的奇遇。

原来洰哥不仅吃了大餐，而且还逛了商场，然而从商场满载而归以后，在车站等公交车的时候，洰哥闻到了一股新鲜的臭味。

洰哥百思不得其解，看看周围，似乎并没有臭气源，然而上天就在那一刻给了洰哥某种提示，洰哥一个猛回头，跟身后笼子里的大狗对视了！大狗吐着舌头，洰哥在那一瞬间想起一句广告词：这酸爽！

当时洰哥离那条狗最近的距离是三厘米，而在数个小时后，洰哥仍旧惊魂未定。

洰哥说，她也不知道为什么那条狗的位置放得那么高。

"你不知道，我俩几乎算得上是脸贴脸，吓得我差点儿给狗跪了！"

露露是我的发小，也是一个一直走在时尚前沿的美少女。因为一些原因，她在这一年来到了我所在的这座城市工作。工作了几个月后，回了一次家，在家休养了几天后，重整旗鼓想要回来重新开始，她就想，既然是新开始，不如一切换新，先做个新发型好了。

去了一家不太熟的理发店，理发师问她："想要做什么样的发型？"

露露早有准备，掏出手机，翻出一张甚是美丽甚是心水的发型图片给理发师看："这个能做么？"

理发师摇摇头："这个做不了。不过我给你做一个明星同款吧，比这个好看！"露露看给她做造型的技师一副饱经沧桑的模样，当下心里就觉得这人一定经验丰富，也就放下心来同意了。

良久，发型师的声音里透露出抑制不住的喜悦："好了！"

露露万分期待地睁开了眼，却又顿时如遭雷劈般石化在原地，而后过了很久，露露才找回自己的声音："这就是你说的明星同款？你把原图给我看看！"

发型师大概也是知道顾客不满意了，小心翼翼地递给露露后，马上就把手缩了回去。

图片上，女明星一头宽松大卷轻轻柔柔风情万种。现实中，露露顶着满头莫名其妙乱七八糟的小卷一笑像哭似的说了句："这不就是卖家秀和买家秀么！"

赶火车时，露露就顶着那么一头卷又回到了我这边。回来安顿好后，露露第一时间去了楼下相熟的理发店重做了一个发型，发型师一边给她做发型一边很是不解地问："你怎么寻思做这么个发型呢？"

露露一脸傲娇："你懂什么，这是明星同款！"

# 听说精神病院和大肥小巧更配哦

范叶婷

汪大肥和范小巧都很瘦,但,是不同级别的瘦。简单来说,每年体检单上范小巧写的是"轻度营养不良",而汪大肥的则是"重度营养不良",这就是质上的差别。小巧从没见过如此瘦的女孩儿,脸、锁骨、肩膀、腿……全都棱角分明。大肥不是那种病态的瘦,而是美美的瘦。有能人总结出:美=白+瘦,这两点大肥都占全了,而小巧都败给了她。小巧就不高兴了,于是她决定称汪大肥为汪大肥,大肥就顺着叫她"范小瘦",可是"小瘦"听起来就是"小受",不是什么好词,她们还想过叫范小条、范小根、范小枝什么的,无一不被否决了,最后,机智如小巧,为自己取了"范小巧"如此这般风流倜傥的江湖艺名。

江湖传言有这样一种女孩子:外人面前是高冷、文静、理智的女神,私底下却是一副癫狂得分分钟得强行灌药的样子。没错,汪大肥就是这样的神经病。那么范小巧呢?别想了,她一看就是精神病院忘锁门了趁机偷跑出来的重度患者,病情已恶化到无法控制了。听说,神经病这种东西是会传染的。近日来,据广大群众反映,汪大肥的病势越发严重了,她身上仅存的一丝丝女神气质也马上就要被范小巧吃光了。

在令人昏昏欲睡的政治课上,老师举起有机蔬菜的例子。

"现在都流行吃有机蔬菜,是用什么种成的?"

"有机肥——"大家用一种诡异的语气刻意将"肥"字的音拖得特别长。

"价格特别高的……"

"对!超贵的,我之前看新闻说一斤要二十多块呢!"大肥突然一脸认真地和小巧说。

"啊?!这么贵?果然大城市人连屎都是值钱的……"

大肥当时就喷了一脸口水:"我说的是蔬菜啊猪!"

笑得小巧腰酸肚子疼。是的,大肥和小巧就是如此追求低俗趣味的人。

在另一节同样无聊至极的历史课上,汪大肥和范小巧又开始了花样作死之路,涂鸦课本这样的小儿科已经无法满足俩天才日益"风骚"的创作需求了。机智如大肥，竟对小巧还没开包的牛奶下起了毒手——撕下牛奶盒表面一层包装纸，她用红、绿色的笔在上面涂涂画画，最神奇的是她竟然形象地画出了"红配绿赛狗屁"六个字！这疯子竟然在小巧还没喝的牛奶上画了一坨狗屎！最后还得意地标上"新升级范小巧专属儿童牛奶"……范小巧的心理阴影面积哟……

怪它太独一无二，以至于小巧都舍不得喝了，现在还摆在壁橱里。马上就要过期了，她正在纠结该怎样把牛奶的包装保存下来……

还有一个下午，那是一节意外的地理课，说它意外是因为老师只上了十分钟就留下让我们自习的口信，然后走了。范小巧枕着汪大肥的腿，大肥的围巾又长又厚，当被子正好，她就这样侧躺着睡了一节课！

没错，对于理科生来说文科课就是忙里偷闲的大好时光，哈哈哈。

大肥和小巧是两个机智的神经病。记得前几个月校运会那会儿，大肥小巧作为班里的运动主力，正愉快地坐在班级大本营（其实就是个乒乓球石桌！）上喝红牛补充能量。没想到蜜蜂先生不作美，老想和我们抢红牛，甚至差点飞进小巧嘴里！小巧吓得屁滚尿流，这时，英雄大肥脑筋一抽搐，想出了个绝佳的好主意——用桌上别的同学用过的一次性纸杯盖扣蜜蜂。有了这"镇蜂塔",大肥小巧瞬间变守为攻,甚至玩出了策略——在桌子上倒一点点红牛,当一两只蜜蜂停下来吸吮甜汁时,马上用纸杯盖上,或者干脆倒在纸杯里,等吸引来蜜蜂直接反扣!

总是在我们解决完一批后又会出现新的几只,于是我们只好不断"喝喝喝""盖盖盖"……很快我们的石桌上立起一片倒扣的杯子,就像给石桌做拔罐一样,哈哈哈,也算是一道奇特景观了。

别问我为什么这么说,我是不会告诉你其实我就是范小巧的!

昨夜是平安夜,没想到平时能发QQ决不发短信、能发短信决不打电话的抠王汪大肥竟然在零点给我打了电话,只为说一句"亲爱的圣诞快乐!"虽然她在说完后立刻嚷嚷着挂电话,但我依然感动得一把鼻涕一把泪。

怀揣着你的祝福入眠,一觉醒来甚是爱你。想起一个午后,我在你的书上轻轻写下一句话:"我愿和你一直深爱与搞笑。"这是我在《中学生博览》上看到的一个题目。原文明明是对父亲说的,可我却觉得这话之于我们俩也同样合适。

我最最亲爱的啊,我们要一直深爱与搞笑哦!

# 我有一条红线裤

佟掌柜

我们这个地区的人民对于红色有一种奇怪的看法。比如我前一阵子开运动会，穿着院服拍了一张表情扭曲背景模糊的自拍，露出了我的明明是一件很可爱的红色半袖（上面有一个可爱的棒球）的一角，有一位学长给我评论说我穿红秋衣（他想到的是上面写着"某某次村运动会纪念""××制药"这种大字的红秋衣）；然后再往前倒一段时间，我参加了一个十分奇怪的需要上台讲课的比赛，在我回寝很严肃地翻看录像的时候，我的室友都问我在找什么，我说我裤子腰太低了，抬手写字的时候可能线裤露出来了。

她们起初还善解人意地不置可否。

直到我在快要睡觉的时候脱下了外裤。

是一条同样可爱的，上面画了若干小熊的红色线裤。

这是我的妈妈在某一年的春节之前为我购买的,那个时候我穿它还有点长。

我的室友们纷纷侧目,然后很紧张地去翻我之前的录像,探究我的红线裤到底有没有露出来的问题。

红色怎么了?红色表示不服。

我从小和各种神奇的颜色就有解不开的缘分。在下幼年时期,家里一贫如洗,能有件衣服穿就不错了,所以我开发出了长蓝裙子(纱质的,我一个姐姐的)配浅紫半截袖(纯棉质地,是我另外一个姐姐的)的神奇穿法。并且经常穿着它们去打酱油。

大概是卖菜的大娘觉得我那个岁数的小姑娘只要是活泼生动,就是无比可爱的(也有可能是我长得好看),所以对我的这套衣服大加赞赏。我获得了自信,变本加厉,觉得自己是这个世界上最美丽的小仙女。虽然我妈极力阻止我把它们穿出去,但是还是没看住。

我印象中,那是一个上小学时候的夏天。我妈领着我去我们那儿最大的一个商场(现在仍然是,那儿的衣服我喝风几个月都买不起),刚一进去我的配色就震惊了全场。

那也是唯一一次,我想站在地球的中心呼唤,妈妈,你为什么不回头,我是你的孩子啊!

另外一个血泪教训就是,小孩子,不要乱穿风衣。

大概是我观察了我爹的个儿，我觉得我长大能挺高，或者是我综合了当时小朋友们的身高，我觉得自己是可以驾驭起风衣这种东西的。

于是我的记忆里，就出现了一件土黄色的风衣，它大概是一个什么样子呢，首先土黄色，大翻领，反绒的料子，半身长；其次，荷叶边儿，还有腰带。

幸亏小时候不喜欢照相。

直到我上大学来报到的那个秋天，我的穿衣风格还是很奇怪。我长大之后，经过我爹娘的奋斗，家里的条件好了许多，想买啥也能买得起，想吃肉也能随时吃肉了。但是我却像是一下子失去了打扮的热情，不可挽救地陷到了运动服的深渊里。

在这里要感谢我的室友们，是她们站在风口浪尖紧握日月旋转，帮我又一次改造了形象。

其实我想说，无论是小的时候还是长大之后的现在，我对自己每个阶段的打扮都还挺满意（至少是在当时），虽然现在总是不堪回首，但是这都是人生的一个阶段。我前一阵子翻到了在日本学设计的小姑姑的照片，美得一塌糊涂。我走到镜子跟前儿一看自己，感觉又有了向上的动力……

啊，不就是这样，走一步再走一步，你看我屯气，我啊，乐在其中。

# 再次掉进女生窝

骆 阳

高二的时候,写了篇文章《掉进女生窝》。那时候,班上三十个女生,十个男生,我感觉整个人都无法安心学习了,于是有感而发作了那样一篇略显凌乱的文章。

如今,我上了大学,班上五十个女生,六个男生。我时常盯着眼前一个个马尾辫子想,我上辈子一定是无意中闯入女儿国的唐三藏。

然而这并没有什么值得高兴的,因为我仍旧没有女朋友。不是因为我笨,只是因为女生太多,挑花眼了,或者说男女生的比例实在是没有什么挑战性,激发不出我高昂的斗志,根本突显不出我的魅力。

在这样一个阴盛阳衰的女儿班,男生当然是要当牲口用,一天天累成史努比不说,还要被精力旺盛的女同学"调戏",真是哑巴吃黄连。然而更过分的是,班上女生没有任何报酬地用完我们这六个男生之后，会装作一副若无其事的样子去跟学长要企鹅号。我们六个苦命的主儿，只能看着突然之间温柔起来的妹子，心碎成二维码，到嘴的鸭子飞了算什么，我们这是到嘴的妹子飞了。

一不小心说出真相。

就在前些天，学校开始筹办迎新篮球赛。我们六个汉子听到这个毁灭性的消息时，互相对视了一下，然后又收回各自惊恐不安的眼神。晚间卧谈会上，六个孤立无援的男神经过激烈地讨论，最终决定上三个最帅的。于是我、星儿和茂祯，就不得不打这场貌似能够挽回男生在女生面前颜面的比赛。

从中文班请了两个颜值颇低的外援，比赛就开始了。在班长的威胁下，班级女生全部到场观战。由此可见，当时竞选班长时富春的头脑一热多么重要。

啊喂！你们一个加强连的女生，倒是出点儿声啊！我们都快被虐成狗了！小心我们男生死给你们女生看！

算了，这段吐血史还是不说为好。长达两个礼拜的魔鬼循环篮球赛才刚刚开始，男神们挺住。

大学学习生活也随之进入正轨，一节更比六节长的各种必修和选修课简直就是噩梦。各路大神级别的讲师和教授更是对班上如大熊猫一样稀有的男生展开狂轰滥炸，后来的后来，干脆不提问女生，他们说，为何我看不到你们班男生的激情。

作为团支书的茂祯要在班级搞一个响应学校团组织的班会，茂祯不仅让我当主持人，还让我出节目，吃人家的山西大枣嘴短，我犹豫了一下答应下来。我叼着夹了一公斤青椒的四喜饼，在网吧苦苦钻研宋小宝老师的小品，最终决定演一个名叫"碰瓷"的经典作品。之后我去班上抓了几个女生，其中包括一个黑龙江姑娘。我还交给她一项艰巨的任务，准备道具。没承想，出演小品的那天晚上，我在她装道具的萌萌哒的悠嘻猴手提包里，发现了一件内衣，脏的。

能不能长点心？！

当我被汽车撞飞出去然后转体三周摔在坚硬的地砖上时，我听到了班级女生们热烈的掌声。

于是我还是成了谐星。说好的大学当高冷男神呢？！

当天深夜我辗转反侧，想起了填志愿时天真得如同比卡丘的自己。当时高中班主任问我为啥那么多学校你偏偏选师范，我说师范院校妹子多、质量上乘，毕业以后一定能完成我和母上大人共同的梦想，骗一个打折的甚至是不花钱的媳妇回家。

聪明反被聪明误，原来师范妹子也如此有心机、有追求，非高富帅和大长腿不跟。

想想多年以后的我真是眼泪掉下来，由于在女生堆里厮混了四年还没有泡到妹子而变成了一个人人喊打的娘炮，天天挤着公交车吃着不舍得加烤肠的四喜饼四处寻觅迟迟不肯到来的女朋友……

　　事情远远没有我想得那么美好，篮球赛结束的时候，我们的综合成绩竟然排到了文学院第二，这真是一个颜值决定一切的时代（傲娇脸）。

　　晚自习的时候，一个爱出风头的妹子走上讲台，她说，我们班男生不负众望拿下一个优异成绩，所以他们为了感谢咱们班女生高度膨胀的啦啦队热情，明天带咱们班全体女生去撸串儿！

　　撸个比卡丘串儿啊！本宝宝我没钱！

# 最佳"损"友

董 红

## 1

　　交朋友要慎重！我实在懒得说三遍，但你要当它被说了五遍一样重要哟。

　　和乐乐、鹃鹃是怎么好起来的呢？想起来了，就因为那天偷看电影《左耳》的事儿。顺便问一句，《左耳》你看过了吧？里面的张漾酷酷的、坏坏的，好喜欢呢！哦，又扯远了，我接着讲正事儿。看完电影回校晚了，校门已经上锁，又不敢惊动舍务老师，便硬着头皮想翻墙而入。对于一向被公认为温婉静谧的小淑女的我来说，这种粗鲁野蛮的行为真的是开天辟地头一回呀！哦天呐，在付出刮坏了二百九十八元的裤子的重大代价后，终于爬上了那堵可恨的高墙，接着像电影里的女侠一样纵身一跃，然后轻盈稳妥地落在地面上，最后还摆出了一个优雅得体的pose，周围掌声雷动……得得，醒醒吧，晃晃脑袋我又回到了这悲催的现实中来了。

那么高，怎么跳呀？万一摔个骨折落个残疾，白瞎我这才女了。正不知如何是好时，见一个人影在宿舍门前晃动。好呀，是救命菩萨一尊——室友乐乐。

后来你应该能猜到，乐乐一人实在撼动不了我这棵大树，就叫来了正在梦乡中的另一只小蚂蚁鹃鹃，两人搭起了人梯，上演了感天动地的"巾帼英雄救美女"的一幕。乐乐把要找丢失的发卡这么大的事儿都忘了。至此，古有桃园结义，今有围墙认姐妹。我们仨好成了一条绳上的蚂蚱，哦，这个比喻不太恰当，但意思，你懂的。

## 2

两个好朋友人品是没的说，但可能是平常太乖巧了，只好读书，有时难免露出迂腐的一面。就说上次数学课吧，我正低头在数学课本的掩护下潜心钻研文学著作《甄嬛传》，老师一下子点到了我的名字。好在提问的是一道选择题，ABC三选一。我习惯性地把目光左扫一下右瞟一眼，乐乐用手摆出A字母，而鹃鹃比画出了C。有没有搞错，单选题啊大姐！随便来个吧，选A！

结果挨训不说,书也被没收了。下课后,我对她俩横眉冷对。她俩反倒还觉得委屈:"B字母太难比画了,我俩用的是排除法,剩下的B就是答案!"

我晕!

## 3

班上新转来了个大帅哥,他有"三高":人高冷,个子高,成绩也高。他从不和别人主动说话,见到我却开过两次口。这让我的小心脏呀,总是像蜜蜂钻进了花丛里一样嘤嘤嗡嗡的。于是把两位好姐姐派去试探口风。

可这之后,帅哥每次见到我却总是铁青着脸,不知为何。

"你们和他说什么了?"

"就实话实说呗,说你喜欢他,问他喜欢你吗。"

"我是让你们试探,没让你们逼婚啊?丢死人了!没脸见人了!"

"他对你可好像一点儿意思也没有。那他和你说过的两句话都说了什么?"

"借光,借光。"

这么一闹啊,我的小小的心呀,老老实实的,再不扑腾了。

## 4

"今天下午《琅琊榜》大结局,帮我请假,说我有病休息半天。"

"老师要问什么病呢?"

"说头疼,不行不行,哪有自个儿咒自个儿的。说家中有事儿。"

下午到了学校,乐乐见了我,愣了一下:"帮你请完假了,你怎么又来了?"

"老师中午把电话都打到家里了,你怎么请的假呀?""我说你家里有事儿,老师就问什么事儿。"

鹃鹃抢着说:"我怕老师怀疑你在家看电视就特意补充了一句,'挺重要的事儿,反正不是在家看《琅琊榜》!'"

"啊?!"

想想也是,让这么两个老实乖巧听话的好孩子帮我作弊、撒谎,她们是无论如何都做不来的。

"那正好没有助纣为虐呢!"她俩憨憨地笑着说。

"说谁是'纣'呢,别以为文绉绉地骂人,我就听不出来了,我这么冰雪聪明!"

## 朋友圈里一天读一本书的那个人

愈 之

我朋友圈里有一个这样的大哥,他一天读一本书,每天把"成长""进步"一类积极向上的词语发到朋友圈动态里。作为一名青年创业者,他想让所有人见证他的努力和蜕变。

他是我发小冬子的哥哥,每当我们私底下聊起他,大伙儿都说他是我们认识的人里最努力、最刻苦的,没有之一。

大家都说他是一个了不起的人,除了他弟弟冬子。

或许是兄弟俩从小就被拿来比较的缘故吧,看见哥哥越来越优秀,冬子坐不住了,他决定组织小伙伴超越哥哥,力求做到一天读一本书。

小伙伴们纷纷响应。其中包括我。

像大部分人一样,最初的两三天里,我觉得一天读完一本书并不是一件特别难的事情,可是很快就从两天读完一本过渡到三天读完一本,到后来被打回原形,这个自发性的活动最终不了了之。

冬子心里闷,无处发泄,憋得慌,最后只能认命。看着他一脸失落的样子,我去安慰他:"其实也没啥,做不到就做不到嘛,你又不创业!"

冬子说:"你怎么知道我就不想创业?"

我有了劲头:"你想创什么业?"

冬子说:"创业赚钱啊!至于创什么业嘛,我还没想好。"

我说:"哦。"

正当我以为话题会在沉默中结束的时候,他自顾自地说开了:"有时候真的很奇怪,总是跟在哥哥后面跑,你看过这样的电影片段没—— 一群人追随一个人,跑在后面?每次看到这样的镜头我都觉得很搞笑。可是现在,我似乎就成为这群人中的一个了。"

我不知道怎么安慰他,只是等待他说,可他不再说什么,我也不好开口。我们默默地坐了一会儿,各自散去。

回去的路上,我一直琢磨他的话。讲真,要不是把读书当作一种扩大自己知识面的方式,我真恨不得装出一副"我看书很快,一天一本不是问题"的样子随便翻翻了事。可是在快速的阅读中,我发现阅读变成了一件乏味而痛苦的事情,在不断重复翻页的动作里,我成了一台翻书机器。

更重要的是，我似乎并不需要这样做。

从小老师和家长就教导我们：你要成为第一，你要考一百分。他们的标准是"满"的，希望得到全部。可事实却是就算没有获得这一切，我也能过得很快乐。在没有试图一天读一本书之前，我几乎每天都在读书，"几乎每天"的意思是说，偶尔会不读，但读的时候总比不读的时候多，一天读一本也是有的，并且时常为书中的内容动容。遇到好内容就与冬子分享。在那样的日子里，我和冬子都是快乐的。书籍的世界如同童年时藏在抽屉深处的糖果盒，成为生活中带来甜蜜和幸福的点缀品。

我想，或许每个人的生命里都有这样一个"一天能读一本书的人"吧。他在你的朋友圈中闪闪发光，那光芒刺痛了你的双眼，可是，你并不需要成为像他那样的人。因为你们本来就是不相同的两个人。何况就算没有成为"了不起的人"，生活也可以很美满。

# 我们白着呢

罗观平

"呼,终于放假了。"前桌阿洁收拾书本准备回家。

"对啊。整整一个月没回家了,我要回家睡个完整的日出日落。"

"要不咱们明天去鼎龙度假村玩吧。阳光,海滩,还有美味的海鲜……想想都兴奋,我上次去还遇到酒店里面几个帅气的斐济黑人。他们超热情的。"阿洁提议。

我把一本"五三"放进背包:"我才不呢,去海滩晒一天,我就成斐济黑人了。"

阿洁等人笑得花枝乱颤:"别闹了好吗,你现在不也跟块炭一样吗?哈哈哈……"

我的心瞬间凉得跟《南山南》里唱的那样"我在南方的艳阳里大雪纷飞"。不就是本身皮肤就黑再加上暑假去了海南十几天更黑了点儿而已嘛,有什么好笑的?你们这群没人性的小白脸！无奈之下，我只能近乎抓狂地模仿甜馨的话："我不黑我不黑我不黑，我们白着呢。"

好吧，我承认我很黑。从小我就有个外号叫"黑仔"。皮肤本来就不白，再加上小学时每天都是自己步行一公里回学校，特别是下午，既不戴帽子也不打伞，长此以往，便黑不溜秋的了。

就算暑假去广州待上差不多两个月，不出门，喝着大城市里充满漂白粉的水，变得白白净净回家，不出几天，一晒回到"解放前"。不行，我要先去找个角落哭上几分钟，太心塞了。

当我知道我被二中录取的时候，我是拒绝的，别问我为什么。你能忍受一个已经如此黑的自己再去距离海边仅仅几百米的学校待上三年吗？

果然，去了二中以后的我更黑了！周末回家我妈看见我都怀疑我到底是去二中念书的还是天天出去海边浪的。我不过是每天中午在不打伞的情况下去校门口吃个饭，距离宿舍才两百米不到的距离啊，五天就把我晒成这个傻样。

不过是吃了个饭而已啊！

关于我的黑皮肤还有一个很深的记忆是我当学校晚会主持人的时候。当化妆师在我脸上来回"粉刷"十几分钟后，我走近镜子看了一下，华丽丽地被自己吓坏了，这么白的自己还是头一遭看到。当舍友阿昌把打好的饭拿到化妆间看见我的时候，连脚跟都站不稳了，跟跄地差点儿把我的鸡腿饭给弄洒。阿昌狂笑一番后立马拿出手机拍照："如果有妹子说今晚的主持人很帅气的话，我就拿这张图跟你平时黑不溜秋的照片放在一起传上学校贴吧，让你红遍整个大二中，哈哈。"

我竟无言以对。

那英有首歌怎么唱来着，"你永远不懂我伤悲，就像白天不懂夜的黑"，你们这些人怎么懂一个黑小子的内心。你们不好好抚慰我受伤的幼小心灵，就算我黑成一块炭，也只能自我安慰地说一声："我们白着呢。"

虽然说肤色对于一个男生来说并不是很重要，但是一旦太黑的话就要命了。俗话说得好"一白遮三丑"，同样，五官多好看的人也经不起肤色黑啊，除非他是古天乐。

其实吧，肤色黝黑点儿也没啥，不就晚上关灯看不见人、吃奥利奥偶尔会咬到手指、出门被误认为是非洲人嘛，真没啥。

很多博友跟我说很想来南方看海，我心里一阵暗爽，有这么文艺的想法你就赶紧来呀孩子，千万别带防晒霜什么的，涂几层防晒霜都是浮云啊，跟着我一起体会黑人的感觉啊，那个feel倍儿爽。回家保证你爸妈都认不出你啊。哈哈哈。

欢迎大伙六月份来南方的海边浪，太阳伯伯这时候最会疼人了。

## 最美的女人

# 温暖是回到不用漂泊的小地方

夏南年

## 1

前段时间一直在外地奔波,南京的考试结束时算是结束了一半,刚准备回学校上课,好友告诉我回去正好是期末考试的消息,我当然不会傻乎乎几个月没学习还回去考个试,索性安安心心坐在家里期待下一场艺考。

在家待的时间有些长,我觉得自己快要发霉了,长时间没有和同龄人交流,每天都持续待在一种混沌的状态里,文档中不再有新的文字,买来的书连拆都没拆。我数着手指想下一次考试,却忽视了在省会的考试哪会有在最喜欢的南京快乐。

我和我妈的关系水火不容,在偌大敞亮的家里都不能相处于一个房间,到旅店的第二天晚上十一点,就已经吵声震天。我妈给我爸打电话说别考了,这样考不上的,说我会遭报应。第二天还有考试,我快要疯了,我给我爸发短信让他赶紧订票送我妈回家,结果是我妈没走,我连跟她说话的心情都没有了。

那种感觉很无力,明明一个人在远方考试也没有的疲惫突然间开始在心底生根发芽,如泉水般涌来。屋漏偏逢连夜雨,笔记本里原本还勉强能用的Word文档也打不开了,我下载了好几次不是找不到软件就是自动跳出来一大堆游戏,我在那一瞬间,突然觉得累得不行。

我把走完省会所有书店的计划暂时搁浅,比如那家我念叨了无数次的藏猫猫书店。

我让我爸订了回程的票,在考试的空隙中挤出一天时间打道回府,回到家的那一瞬间我坐在自己的书房里感到前所未有的舒心和温暖。

我几天里第一次在大床上睡了个好觉,午后闻着阳光明媚的天气里棉被上太阳的味道躲在被窝儿里读书,久违的感情漫上心头。越简单的温暖越柔软,好像一只狡黠又勤快的猫用绿宝石一样闪烁的目光望了我许久,又亲昵地用温软的肉垫轻拍在我的肩头,所有的委屈与酸涩在一瞬间消失殆尽,只留下满心的欢喜。

我没有跟任何人分享回家的喜悦,在我掏出手机的那一刻,却突然想起过去的年关把离家千里的他们都带回了家，乘着八千里路云和月，万里迢迢只是为了回到那个温暖的家，他们比我的幸福更加巨大。

既要去远方，也要有安宁。有一个地方只有我们知道，那里常常等不到我们的欣喜，却是疲惫时唯一的港湾。

## 2

最近一直在读一位作家的公众号，又逗又有哲理，也会习惯在夜深人静的时候一边忙自己的事情一边打开喜马拉雅听不系之舟的电台，主持人的声音感情饱满又静似月光，两个人都特别让我入戏，一下子好像亲眼看到了各自生活的各种幸福。

那些形形色色的人，不外乎是回家被父母各种嫌弃，一个人却连盒饭都吃不完，其实啊在我心中，有父母陪伴的家和一个人下班回去的小窝儿各有千秋。

反正不知道是我恶趣味还是那一段真的有意思，公众号里作家描写回家的场景一直徘徊在我的脑海中。

她说："我下飞机的时候，远远地就看到我妈在接机的人群中搜索着我的身影，眼神中充满了期待。等她看到我在挥手的时候，眼神中似乎有一点闪烁，又夹杂着一点惊诧。我走到她面前，她马上迎上来，我妈看到我还是激动的，刚才一定是我想得太多了。

"我妈牵着我的手,看着我的脸,我知道我妈要说出固定台词了。我妈心疼中带着一丝肉麻,准备开口了,哎我懂,果然天下父母心啊。

"我妈提高了声音,'妈耶,倒霉孩子哦,你怎么肥成这个样子了?你看你双下巴儿都跑出来了,虎背熊腰的,远看你像一坨假山,我还以为假山会走路了。'"

于是没有笑点的我笑得差点儿把手机扔了,差点儿被我妈发现我又在玩手机,现在一想起来就想笑,插一句题外话,这段话要换成四川的方言读。

好像有家的人连开玩笑都很幸福,可是一个人也有一个人的好处啊,那天在不系之舟里分享的文字,是关于一个人的平淡。里面说,一个人订盒饭,起送价往往是两份菜,一个人吃不完,剩下一份留到晚上再热热;一个人住,下班回家独自乘车,一切都很安静。

所以自己给自己的幸福,也没人会来打扰了吧。我有一个习惯,长途跋涉风餐露宿后回到家里一定要用台式电脑打字,碎碎念居多,一定要让键盘重新熟悉我的指尖,另外,在临行前一定要买一包最爱吃的薯片。

我是强迫症患者,有恋旧的情结,我喜欢吃的薯片口味很多超市都不进货了,可是不是田园薯片不行,相同的牌子不是红烩肉口味的也不行。在生活的细节中固执,也是幸福的一种。

临行前在超市巨大无比的货架前徘徊,找到心爱的薯片，要留到回家的那天再吃。薯片又香又脆又好吃，"咔嚓咔嚓"的声音很快乐，像照相机里放大镜头的功能，将回家的幸福拉近，再无限放大。

一家人也好，一个人也罢，回去的地方都是那间小房子。

那间可以为你接风洗尘的屋子，早已融进了你生命的一部分，你遇见千千万万人才明白自己是个漂泊的人，可是回到那里，你想哭就哭想做梦就不停地做美梦，那间屋子承载了你的喜怒哀乐，你的所有梦想。在踏进去的那一瞬间，你其实，已经不是流浪漂泊的人了。

我不是在熬鸡汤，只是这些真正属于我的矫情的体会，总想借一种方式悄悄地表达。

3

其实我也知道，有家人陪伴的日子大概要更好一些，可以娇气一点儿，也更幸运一点儿。

有天跟好友提起，要是家里天天这样吵得什么都干不了，我干脆自己在学校旁边租一套小房子好了，房租不贵，我自己的积攒都能承担得起。

好友偏向那种拆得了快递拧得了瓶盖的汉子型女生，她立刻激动地反驳我："你不知道，自己一个人没那么简单。"

好友滔滔不绝跟我讲了一个晚上的故事。那天她在饭店里和家人闹了别扭，一个人顺路买了小笼包回家。天渐渐变黑，她一个人吃完躲进被窝里看小说还是害怕，更恐怖的是，房间还突然持续不断响起了"滋啦滋啦"的声音。

她吓得要命，好不容易鼓足勇气，找了半天终于发现是小笼包没吃完，盒子被压得不停地响。她心有余悸："哎哟，一直到我爸妈回来了我才舒服。"

那个舒服的地方，是她的家，她一个人跑出来要跑回去的地方。多好，即便不大，也是最可靠温暖的地方。

我还是喜欢一个人，但在外面的日子里过得再自由潇洒，也会经常想起家门口物美价廉的小餐厅，家里用习惯了的大电脑、大软床和满屋子的书。

有个作家说，无论租住在哪里，她都会费尽心思装修打扫好房间，种上清新的植物，贴上碎花的漂亮墙纸。我知道是为什么，在付完房租的时候，她已经完完全全将那间小房子当成了家。

独立是精神上的独立，可以自己照顾好自己，并且也不想依靠任何人，但漂流在外的日子，我还是想回去呀。温暖是回到不用漂泊的小地方，即便那间小房子，冬不暖夏也不凉，可是有我熟悉了的一切时光，还有满是我气息的大软床。

# 爱是一起说许多话吵许多架

龙 蛋

回学校的前一天晚上，我装作特别害怕特别委屈地向老妈撒娇："妈，我不想回学校！"老妈特嫌弃地说："快走快走。不要在家待着了，老是和我吵架，我都烦死了！"虽然被打击了，但我还是不死心："妈，我舍不得你啊！你信吗……"老妈瞄了我一眼很坚决地说："不信！"

呜呜，老妈你太狠心了！

高考后整个假期差不多有三个月那么长，我说去打工老爸不同意，老妈没说什么，但在和我吵架的时候就会说我也不去打工赚学费什么的，不懂事。我从初中开始住校，早就明白了一个道理：如果你在学校住一个星期或者一个月才回家一次，那你的家人肯定不会骂你的，还会对你嘘寒问暖。但是如果你在家待得久了，那就做好随时参与"星球大战"的准备吧。反正整个假期我几乎天天都在和老妈吵架。

不去打工，就意味着家里的活你要干。暑假是收获的季节，我放假的第一天不是好好地休息放松，而是被老妈赶去帮忙摘荔枝。我吐槽老妈不体谅人，人家高考完都是去旅游，我却连个休息的机会都没有！老妈说你那是脑力劳动又不是体力劳动，休息什么休息？等荔枝摘完了稻谷也成熟了，虽然说有打谷机把稻谷割下来，但把谷晒干是个技术活，除了靠体力还得拼速度。俗话说六月天像小孩儿的脸，说变就变，就是说下雨就下雨。上午刚刚把谷晾出来晒，三四个钟头后天就毫无预兆地下起雨来，噼里啪啦地落一地。家里只有老妈和我，老爸在外地做生意，两个弟弟还没放假，一地的谷不仅要堆，还要扫还要装还要搬……老妈是个急性子，下雨了，来不及收谷她就会骂天。有时我出去玩了，迟一点儿回家收谷老妈也会骂："我已经叫你不要出去玩了，明知道家里晒谷，下雨了又收不及，谷要是发芽了看你吃什么！有雾水给你吃！叫你做点儿这样的小事都做不好还能做什么？工又不去打，人家的学费、电脑都是自己赚钱买来的，你呢？像牛这么大了还不懂事……"

老妈骂人有一个特点，就是会扯到好多无关的事情上去，而且越扯越远。有时说到激动处根本停不下来。而我又是遗传了老妈的急性子基因，还有毒舌。对于老妈的

"骂"我是最多只能忍一小会儿的,忍不住了就和老妈吵:"又不是我不想去打工的!有本事你同阿爸说!回家那么久出去玩一会儿都不能么?都叫你不要种稻谷了,自己找罪受怨谁?嫌我麻烦就不要叫我帮忙……"有次和老妈吵架连在田里干活的人都听到了,隔壁家的婆婆说:"还吵什么啊,大水都冲掉龙王庙啦,还不收谷!"

　　和老妈吵架免不了把最恶毒的话往她身上倒。掐指一算这个假期我已经气哭她三次了,老妈,真的很对不起啊!我把你气哭了都不肯去道歉,我生气了你还要讨好我。谢谢你一直以来的包容。

　　老妈也有"搞笑"的一面。老爸在家里挺有威严的,有次老妈把老爸煲好的白鸽给煮焦了,当时老爸出去还没回来,老妈本想叫我帮她"顶罪"的,因为她认为如果是我或者弟弟煮焦的话老爸不会骂,要是她就难说了,老爸最不喜欢她乱煮东西了。但为了安全起见,老妈还是去镇上又买了一只白鸽回来煮好按原样煲给老爸。老爸吃的时候竟然没发现有什么不同……老妈不习惯吹空调,但因为天气太热了老爸要吹,半夜的时候老妈受不了了就去客房睡,然后第二天老妈告诉我她感冒了……跟老妈去种豆,老妈弄好泥坑我就放豆,放豆进去老妈再回泥,因为我的速度慢,所以等老妈回泥追上我时她已经忘记哪些坑是没有种到豆的了,我边笑边听老妈数落我……

　　有次去阿婆家吃饭,老妈向三姑六婆投诉我的罪行,说没见谁家的孩子像我一样和妈妈吵架顶嘴，还懒得不行，叫干活都得催三催四，骂多一句就不理人……对于老妈的"控诉"我只能默默地边吃东西边点头说嗯嗯嗯。有次在外地工作回来的堂二嫂听到老妈对我的控诉后笑着说："我和我妈也这样，在家天天吵，分开又想得不行。吵多了也说明母女感情好啊。"嗯，我不知道老妈听了堂二嫂的话是怎么想的，反正我非常赞同。不过，从那以后老妈骂我的次数的确少了不少。嘻嘻。

拿到大学录取通知书的时候，老妈语重心长地对我说："上大学了，有合适的就拍拖吧。"我被惊呆了，老妈这是怕我嫁不出去的节奏吗？考大学之前像防贼一样怕我恋爱，现在是巴不得我嫁出去了……我曾开玩笑对老妈说我不嫁了，不想结婚，我要陪你一辈子。老妈撇撇嘴说："这样最好啊。村里的人都不好意思介绍男生给你，牙尖嘴利的谁会喜欢，说出去也不怕别人笑话……"我发誓我从来没见过谁的老妈是这样的！

入学那天是堂二哥帮忙开车送我到学校的。老爸工作忙，不能陪我去学校，本来老妈也说不来的，说田里的农活多，那么大了应该会照顾自己了。我就知道她是不放心，所以最后还是来了。记忆中，刚上小学那会儿就是老妈亲自送我去学校的，如今上大学了还是老妈"护驾"。老妈说："大学了，要更努力啊！"

来学校的第二天体检，抽完血后我的手臂肿了，隔天就瘀青一片。和老妈视频的时候跟她诉苦说疼死了疼死了。如果我没看错的话，老妈明明眼眶都红了，却还嘴硬数落我："都叫你跟老师说不要抽血了还抽，怎么黑成这样子？丑死了。你就不会换个抽血的人吗……"突然觉得不应该让老妈知道她会担心的事儿。

我此生最爱（没有之一）的老妈啊，来学校一个月了，我没有很想你哦，也很爽终于不用听你唠叨了。我只是很想和你一起躺在床上说说话，吃饭的时候吵吵架，仅此而已。

# 爸爸们的长路

### 小太爷

我从没见过我姥爷,他在我妈大概二十岁的时候就去世了。第一次和他有交集,还是因为收拾屋子的时候无意翻出了我妈早年的作品合订本——全手工制作,都是报纸上的小豆腐块儿拼接而成。

里面有篇是写我姥爷的。

彼时我姥爷已经去世好多年,临近过年时候我妈在门上贴春联,忽然想起姥爷以前认认真真地置办年货、贴楹联、买鞭炮的样子。姥爷因幼年时生病,所以有些残疾。但他一直积极向上,对于生活的热爱也丝毫不照正常人少。平平淡淡的日子,却总能让他过得热热闹闹。

同样平平淡淡又热热闹闹的,还有姥爷的那条路。

我妈下班总要经过一段长长的路,灯光暗淡,夜幕如漆。不管我妈下班多晚,姥爷总要去迎迎。

万家灯火，星辰明灭。十几岁的女儿推着自行车慢慢行走，身边是满脸笑意的父亲。

姥爷说："你就把下一盏灯看成一站。这样，走过这一盏，再走下一盏。漫漫道路，就不长了。走着走着，也就到家了。"

后来姥爷去世，我妈早早就上了班。无论是最初做女工洗瓶子，还是在报社挑字检字，然后又做校对当记者，她始终没有停下过脚步，始终在追求理想的道路上日夜兼程。

或许这是我姥爷留给她的财富。

每一段路都是小小的一盏灯，走完这一盏，再走下一盏。这样，再苦的日子也熬得过来，再难过的生活，也只是暂时的情况。

我妈对于生死之事尤其忌惮，却从不害怕提起已经逝去的至亲。

其实我很想劝她——妈，你看，不必害怕。姥爷看着你，保佑你呢。


我跟我爸也有一条长长的路。

那时候我们住市中心，霓虹特亮。夏天的晚上吃完了饭，写完了作业，我俩就出去走走。

有一次走到一棵长长的垂柳旁边，我跳起来想摸摸树梢。结果劲儿没用好，错过去了。

我爸熄灭了烟，微微一笑说："放着我来。"——只见他老人家一个起跳，就摸到了柳树枝。排除他本来就比我高这点，其实他跳得还真的挺高的。

然后他一甩手，手腕儿上的手串"嗖"的一声就离他而去了，哗啦啦散了一地。

于是那天的场景就变成了这样——我吃着冰棍儿坐在椅子上晃腿，我爸借着手机手电筒的光弯着腰满地找珠子。

于是现在的情况就是，不论在哪儿我看见什么形态的柳树——枯的活的黄的绿的——我总是会想起那天晚上，想起那天晚上轻轻柔柔的风，暑气退散后的丝丝凉意，还有夹杂着各种好吃的东西的味道的空气，我手里好吃的冰棍儿，弯着腰四处移动的爸爸，还有那时候那个我。

我怀念那条长路。

所以从此之后，每条栽满柳树的路，我都觉得是记忆里，那条和我爸在最艰难的日子里，一起走过千千万万次的长路。

昨天跟老丁还有老贾出去吃饭，老丁问老贾："你这个好脾气是怎么磨出来的？"

老贾窝在沙发里想了好半天，说："可能是家庭原因吧。"

老丁又问我,说:"你觉得呢?"

我也想了半天。

后来我说:"大概是因为,我们家族的爸爸,总有一条长路吧。"

# 爱你是我一生中理想

叶佳琪

我有过很多次"想要为他写点儿什么"的念头,但在每一次坐下来的时候总会无从下笔,这种犹豫来自于太过熟悉——因为熟悉,所以在乎;因为在乎,所以小心。说来也很愧疚,这么多年来,写过很多东西给身边的人——给好朋友,给陌生人,甚至是给自己,却偏偏一直没有写给过他。

从记事开始他就是我心目中的偶像,小时候全家人一起坐车出去,他的大腿就是我的专属座位——不管路途有多遥远,道路有多崎岖,坐在他的双腿上,我就会觉得无比安心。我喜欢他身上的烟草味,喜欢他抱着我时漫不经心地和人交谈,更喜欢在他怀里看到的,那个他给我构筑的世界。

中学时代第一次自己写的东西登上杂志,收到样刊的时候他比我还激动——甚至未经过我的同意，把那篇现在在我看来幼稚无比的文章骄傲地给他的同事们传阅，他把那看作莫大的荣耀，却让我生了很久的气。年少的我，后来说什么也不愿把自己写的东西再给他看了。

因此，他被迫学会了玩博客，偷偷地在网上搜我的笔名，看我的文章。当年我给自己起了一个很稚嫩的名字——叶小闹。他就这样一点儿一点儿地慢慢摸索，小心翼翼地想要进入那个被我贴上封条的世界。终于有一次他没忍住，在饭桌上问我："哎？你的笔名为什么要叫叶小闹啊？"

高中的时候我住寄宿学校，离家的距离有两个小时的车程，每一次他都要送我到学校，我心疼他来回开车太过劳累，他心疼我一个人坐车太过孤单，但每次最终都是我妥协。至今高中同学和我闲聊起来，还是会提起他帮我铺床晒被子的事情——那是我印象里，他最温柔的时刻之一。

其实仔细想想，我从来就不是一个听话的主儿，青春期时也毫无例外地讨厌大人的世界，浑身上下长满了刺，恨不得与全世界为敌。但是很奇怪，即使在最叛逆的阶段，他依然始终站在我身旁，像是忠实的盟友。他的纵容常常会被母亲谴责——那会成为助长我嚣张气焰的催化剂，但在这个过程中，他永远是静静地，毫无条件地纵容我，宠溺我以及包容我。

这些在当时的我看来，不以为意，真正开始明白这其中的原因，学会感恩的时候——已是在与家相隔几千公里的大学。

上了大学以后的我，常常会因为忙碌的校园生活而忘记与他联系，然而我却总能定时收到他的信息——降温、升温、下雨、晴天……不管什么天气，他总有需要嘱咐叮咛的事情，像个进入更年期不停唠叨的老妇人，又像遥远地关心着我的人工智能。如果时间再长一点儿，他实在忍不住，就会打电话过来说："爸爸想你了，你什么时候回来？"

其实我们很少说"想念""爱"这样的字眼儿——因为不被轻易说出口，所以才显得弥足珍贵。这是一种很奇妙的感情，大概每个女儿都曾拥有过，小时候睡觉一定要和爸爸睡一起才觉得安全，出去玩一定要在爸爸怀里才会觉得开心，甚至在年幼时的记忆里，有很长一段时间做过一个关于"长大后一定要嫁给爸爸"的美好的梦。长大后才明白这个愿望不可能实现，那也没关系啊，就找一个像爸爸一样的人吧。

——因为喜欢你，所以我爱的人也一定要像你啊。

我不太愿意承认他正在慢慢变老的事实，尽管每一次看见他一个五十岁的人大扫除的时候爬上爬下已经不再那么方便了，额头深陷进去的皱纹和写满了时间的年轮的眼睛，都在提醒着我，他正在一点儿一点儿地远离当初那个一脚可以上三层台阶，喝一箱啤酒也不会倒下的小伙子。

他现在看书、玩手机已经要戴上厚厚的老花镜了，常年因为工作的繁忙和家庭的束缚，他很少轻轻松松地出去旅游，当初那个一腔热血投身于事业的工作狂如今也开始整日在家期盼着假期来临，子女可以早日回家……

岁月从他的身上夺走了很多东西，也给了他很多永恒的东西。比如妻子的依赖，子女的牵挂，朋友的信任。这些东西都会随着岁月流逝，成为他人生中最珍贵的宝物。

亲爱的爸爸，我曾无数次猜想你那些我无法参与的过去，猜测你成长过程中的每一件小事，我知道你现在需要的不是远道寄去的礼物，而是女儿坐在你身旁陪你好好地吃一顿饭。可是，我就是连这样微小的心愿都没办法替你实现的女儿。第一次告别你们的那一天，你一定没看到我不舍离开而悄悄背过身去哭泣。每次放假回家看到你那张望着我就幸福的脸，都让我不知所措地难过。你那双因岁月流逝而显得有些苍老的眼睛盛放了太多的不舍，虽然你每一次都没有对我说"不要走"。可是，我又怎么会不知道呢？

不可能不知道啊。

可是，我又怎么能表现得我知道呢，你隐藏得那么好。

你云淡风轻地说出"除了天上的星星我摘不下来，别的你想要的我都能给你"。那时我正靠在你的车里犯困，意识也渐渐飘远,但不知为何,这句话记得尤为清晰。

郑秀文有一首歌,叫作《爱你是我一生中理想》,年轻人常常用它来表达爱情,但此时此刻,我却很想送给你。

——爸爸呀,我想成为你的骄傲。

——爸爸呀,爱你是我一生中理想。

——爸爸呀,我爱你。

# 最美的女人

倾城流年

今天看到同学转发的说说：《中国最美的女人前二十名》，有提示词说"第一名竟然是……"好奇心促使我点开来看第一名到底是谁。手指飞快地滑动手机屏幕，触动心房的答案让我瞬间红了眼眶。

原来最美的女人是妈妈啊！

心里酸酸的。妈妈，我想您了，特别特别地想。回学校都一周了都还没有打过电话给您，对不起。原谅我还没有从高考失利的阴影中走出来。您知道复读是我从来都不敢想的，您也说过复读就复读呗，万事有妈在呢。也是因为您这句话我才有勇气下决心回来复读的，可如今我还没有调好心态，还是让您担心了。

妈妈出生在一个贫穷的农村家庭，小学没毕业就出去打工了。外公说妈妈很孝顺，那时候妈妈的月工资是一百二十元，而每个月寄回家的钱就是一百元。阿姨曾问妈妈自己都不用买东西的吗，寄回来那么多钱？妈妈说工厂里包吃包住又不缺什么，拿那么多钱来干什么。可有一天妈妈因为营养不良晕倒在厂里。阿姨说妈妈一瓶腐乳能吃一个月。妈妈节约的习惯一直到现在都保持着。我们不在家的时候，妈妈从来不买肉吃。她说猪肉价格那么贵，天天吃那还得了！

初中时住宿，学校离家较近。妈妈送菜给我们，阿婆说妈妈是买多少猪肉回家煲就送多少去学校给我们。妈妈说她有鸡蛋吃。可妈妈有高血压是不能吃鸡蛋的，妈妈还留着鸡蛋让我带回学校去煲。记得那年妈妈生日，我打电话回家问妈妈有没有杀鸡吃。妈妈说都忙死了，又要晒谷又要摘豆，哪里还有空儿杀鸡啊？其实我们都知道妈妈只是舍不得杀鸡自己吃而已。她想留着等我们放假回家再杀给我们吃，她想让我们能多补充点儿营养。是不是每个母亲有了孩子后都会忘记对自己好呢？

妈妈的胃不好，有很长一段时间都在打嗝，看了好多医生吃了好多药都没好。后来不打嗝了但不时放起响屁来，还是很臭的那种。妈妈经常抱怨说花那么多钱都治不好，这屁怎么都控制不住。但后来和我们吃饭的时候、和村里的大婶们打牌的时候控制不住，妈妈已经能做到脸不红心跳不加速了。所以我相信妈妈的胃病很快就会好了！

妈妈是地地道道的农村妇女，骂人的时候带脏话，皮肤粗糙黝黑,笑起来洁白的牙齿也不及眼角的鱼尾纹来得美丽。手背青筋暴突,手心是厚厚的老茧,摸起来扎人。明明才四十几岁的人,短黑的头发里已有了刺眼的白发。阿姨说妈妈年轻的时候很漂亮的,有很多人追。看照片就知道了,长发及腰,笑容迷人。因为有了我们三姐弟,妈妈才老得这么快,才有了水桶腰。无论何时我们要好好孝顺妈妈。以后出来工作了要拿多点儿钱给妈妈用。每次说这些话的时候,妈妈都是笑着说以后我们不嫌弃她老不中用就很好喽。我们攒的钱够自己花就已经很厉害了,哪敢奢望我们给喔……妈妈对我们有多不放心呐?

妈妈四十多岁的时候才学会使用手机,是我们手把手教的,有时教了好几次,妈妈还是记不住怎样使,我们就忍不住地发脾气,妈妈也不生气,等我们消气儿又继续让我们教。妈妈说学会使用手机和我们通话就方便多了,不像座机那么麻烦。妈妈啊,谢谢您爱的宽容。

我是妈妈的第一个孩子,也是妈妈最操心的那一个。小时候隔三差五就生病,有时候半夜发烧,那时候妈妈还没学会骑摩托车,大半夜的背上我打着手电筒骑着自行车就出门了。婶婶打趣说妈妈的胆子都是被我逼出来的。所以在庄稼生长期的时候,妈妈经常一个人深夜去田里看水,让水流进田。我是睡觉很浅的人,晚上妈妈起床出去我都会醒,无奈,妈妈只能带上我。那时候还小,我就想着要妈妈陪我一起睡觉。如今妈妈的背有点儿驼,我觉得都是我造成的，妈妈开玩笑说是我们不努力读书造成的。

家里有三个孩子读书，对农村的家庭来说是个不小的负担。如果我们不懂事不勤奋就枉费妈妈每天起早摸黑干农活了。妈妈虽然读书不多，但她说她知道读书是农家子弟最好的出路。妈妈一直都尽她最大的努力给我们最好的。爸爸说如果以后我们出来工作了，对妈妈的好能及妈妈对我们的十分之一妈妈就会很知足了。

每年的夏秋季是稻谷、荔枝、龙眼成熟的时节，也是妈妈一年中最忙最辛苦的时候，我们也刚好放暑假，天没亮妈妈就叫我们起床帮忙整理好头晚摘回来的荔枝，然后妈妈再上山去摘。等到中午妈妈卖完荔枝回家，收割稻谷的人就来叫妈妈去把稻谷担回家。这样忙还经常碰上下雨天，有时候刚把稻谷晒好天就下雨了，妈妈说要命啊，赶死人喽！所以整个暑假过去妈妈会瘦一大圈。妈妈的肩膀上起了厚厚的一层茧，摸上去硬邦邦的。

妈妈说一年中最清闲的时候就是过年了，体重也会上升好几斤。有时候妈妈也会感叹谁谁谁家的儿子结婚了；谁谁谁家的女儿出来工作了，还谈了个隔壁村的男生做朋友；谁谁谁又做阿婆了……然后妈妈就开始期待我们什么时候出来工作结婚生子哟……我们无语。妈妈的担心永远都是那么长那么远。

微博上有人说：妈妈不是我们生活的全部，但是我们的唯一。是啊，妈妈，我们的唯一。妈妈是农民，比城市里同龄的阿姨看上去要老很多，要说我的心里没有过自卑没有过抱怨没有过嫌弃那肯定是骗人的。可不管她是年老还是年轻是美丽还是难看是富有还是贫穷她都是十月怀胎把我们生下来并不离不弃把我们养大的母亲。妈妈始终是我们的唯一。她不嫌弃我们就已经很好了，我们还有什么资格嫌弃她呢？妈妈，我们都很爱您呐。

# 不 负 天 真

李寻乐

  我可能真的不是一个好哥哥。

  在这短暂却又漫长的时光里，于她来说，我大概是最不愿想起的人吧。无论是多年前她拿着不及格的试卷央求我签上爸爸的名字，我却把这个告诉给了爸爸；亦或是高中时期她有了爱慕的少年，我却斩钉截铁地告诉她想都别想。

  她大概就是这样讨厌我的。古板，严厉，没有一丝丝的温柔，只会强迫她做不喜欢的事。顺带着在要好的闺密说起被哥哥宠爱的时候，只有尴尬地转过头。

  可正如偶然见到的一句话，"无论爸爸做得再不好，请一定要原谅爸爸，毕竟爸爸也是第一次当爸爸啊"。这是电视里女主的爸爸对女主说的一句话，似乎有些拗口，可仍旧无端地让女主落泪。我们是第一次为人子女，而他们亦是第一次做人父母,他们没有经验,甚至有些手忙脚乱,也会严厉得过分,可无论怎么样,请相信并且爱他们。

我呢?大概也是如此,身上贴上了哥哥的身份牌,可脑海里依旧不知道该如何承担起应有的责任。

她出生的时候我正和玩伴们约好去爬树,上蹿下跳的年纪听到她出生的消息也没能有半点兴奋。那晚我浑身汗涔涔地回家,看到爸爸拿着准备好的衣服要往医院走的时候,才想起,啊,对,今天有个小不点儿来到我们家了。

爸爸扯着我的脸说,以后你就是哥哥了,要给妹妹做个好榜样,要好好照顾妹妹。我对着爸爸说,大不了把收藏了很久的游戏王套牌、生日时妈妈送的遥控车都让她玩,这总该可以了吧?

爸爸似乎说了些什么,可我实在记不清了,只记得他笑着,笑得特别开心。但现在我想,爸爸大概是想我一瞬间变成称职的好哥哥,像所有动漫里面最为温柔的哥哥一样。可每个人都是独一无二的,爸妈是,她是,我也是。我积攒的"哥哥经"告诉我,如何做一名合格的哥哥。

她像所有小孩儿一样喜欢黏人,整天缠着我哭着喊着让我陪她玩,在不记事的年纪里,我亦同所有的好哥哥一样陪着她去玩。她上学了,我忍住心里涌现的奇妙的感觉,我不知道那些加减乘除,那些古诗文言,那些科学生物知识,在她的脑海里会是一种什么样的形态。

井井有条？还是一团乱麻？

那段时间里似乎没有什么比这个更有趣了，她不时地蹦出有趣的话让我笑得开怀。但上了学，自然该有所不同。

她那时要是记事大概会惊讶，怎么一下子我就变了。而原因大抵是我喜欢的一本书里的一句话，"人间最怕见天真"。我把这记录进我的"哥哥经"里面，当作我揣摩这个角色的总结。

人间最怕见天真，我太过于好，那她会变得什么样呢？我想了好久生出无数诸如敏感任性等念头，而她偶然间的一句话又提醒着我。电视里的医生她尤其喜欢，很酷很温柔。

这算是她的梦想吧，我想。那我的"哥哥经"又该加上一条，帮她去实现梦想。

严厉，暴躁，古板，不知不觉，我的形象变成了这样。给她辅导时的严厉，看着她不专心时的暴躁，她拥有爱慕少年时的古板，她大概很想换一个哥哥。可我也只能很不负责任地说："行啊，有本事让时空倒流啊！"

可无论我在她心中变成了一个多么可怕的人，我想，我都会是最珍惜她的人。在她咿咿呀呀喊我哥哥、朝我撒娇时就注定了的。

似乎一下子又回到了起点，我只不过是天底下千千万万个哥哥之一，我甚至不知道怎么样做好，而我只能用自己的理解、自己的感觉来充实这个身份。有人敏于言而讷于行，那我想，我应当是相反的，我只能自己摸索。但人生路上不过几样值得注意的——梦想、家人、好友，还有另一半。我应当更严厉，这样她可以在梦想的道路上走得更远更稳；我该更凶的，这样她才可以收获更多的友情；我也该更担心的，会不会遇上错的人。

我拿着木棍板着脸站在她身后，极力想让她走得快些走得稳些，因为我不想让她在最美好的时光里满腹委屈，没有方向，没有关心，没有动力，而后孤独地活着。

人终有一日是要离开的，不过是早晚而已，不过别害怕，我的"哥哥经"里早就写好了应对措施，其实所有的不好都是为了更好。

未来碰到的人里面，有的人浅薄，有的人金玉其外败絮其中，可也有人会看到她所有的样子，并且喜欢她的所有样子。

她会有人陪伴，有人关心，有人拥抱，而在这之前我也会守护着她。抱着独属我的"哥哥经"，在她漫长的人生中守护着她。

细水长流，温柔常在。

# 时光记·老许

草帽儿先生

老许大神：

你是"阅师无数"的我所见过的最帅最萌最年轻的几何老师哦！（好吧，我知道就算拍马屁也掩盖不了先前把你的"金玉良言"拿去校园口技折腾的罪行，原谅小的吧。）

嘘——偷偷告诉你，其实吧，全班同学都觉得你原本是在火星上扫大街的，上任第一天就把扫帚弄坏了，节俭的火星人怒不可遏地给你一枚几万面的骰子，用以决定流放地球。于是乎，你运气奇好地来到了我们身边。（你要相信我，没有到荒漠也没有去沼泽，就是运气奇好啊！）

我说，老许你可够了，上课时不要忽然叫我们看窗外好吗？后操场那群人打球技术再渣渣，也不关你事好吗？咳，谁不知道你学生时代体育始终垫底（我不会告诉你是电脑老师说漏嘴的），就算成为教师后你进化成体育狂人，可以脚踢南山，拳打北海，也改变不了曾经弱爆了的事实，正视历史吧！哇哈哈哈！

老许啊，咱跟你坦白件事儿。光棍节那天吧，我们是在知道你一个快奔三的大龄男青年仍旧单身的前提下，吼的那句"老许光棍节快乐"！换言之，我们其实是故意的故意的啊！我可以说位于前排的我有幸领略到你的变脸神功了吗？锵锵锵三秒钟，神色恢复云淡风轻，泰然自若。

嘿，我跟你打听个秘诀可好？你每节课都无可避免地扯那么些废话，既定课程是怎么讲完的？穿插的那段"养生课堂"不仅涉及推拿、日光浴、针灸，还详细地描述了效果过程以及你的个人观点……莫非备课的时候你已经把讲题外话的时间也算了进去？

老许，你是个大恶魔好吗？明明吐槽我们班主任表里不一看起来慈眉善目内里却是只母夜叉的是你，六一节煽动教唆我们找班主任讨糖果的还是你。明明你们已经在办公室把某老师的订婚喜糖消灭干净，还故作神秘地跟我们说"趁办公室没人溜进去拿糖吃呗"！老许你怎么可以这样呢？动不动告诉我们选A的题目应该选B，选B的题目应该选C，一次次忽悠我们这样真的好吗？友尽吧。

老许大神，你已经给我的心灵留下了无可挽回的阴影啊！我不就是偷懒太久没做练习册，在你宣布三天后要检查的那个课间咆哮了一声吗，你要不要那么巧站在我身后呀！这样也就算了，您能把那一脸无辜的表情整正常点儿不？还说什么"我什么都没有听见啊，你太大声了，我真的什么都没有听见"。俺的小心脏呀，哎哟喂！天，不要在我面前提"练习册"三个字！

老许，我们全班都爱你你知道不？你老喜欢挥舞的那条三角板上掉下来的斜边，对，就是你张牙舞爪地说它是一把杀猪刀的那件"武器"，上面的"岁月"二字，是聚全班之力一笔一画刻下的。

谢谢你和我们结伴而行的岁月，谢谢你一年来的不嫌弃，更希望，手握"岁月"这把杀猪刀的你不要老得太着急，还是要为我们找一个漂亮的师母的。这都是我们最诚挚的念想。

很遗憾啊老许，高二你教理科，我却选了文，没有跟着你走，食言了。可是，我想我如此珍藏的记忆，于你，必定也是不可以随便丢弃的。

I left here without telling anyone.不辞而别。

因为欠一个告别，所以一定可以再重逢的，对吧？

你饱受摧残的学生：帽儿

PS：温馨提示啊，老许，你那后背还是离黑板远点儿吧，满板的粉笔字不是你区区一件衣服就可以消灭干净的。

# 家有青梅与竹马

长发及腰

## 1

当他俩还是两小只的时候，十分遭不才在下本姑娘的嫌弃。

因为两小只太小，所以老爹说要有人带，那时老妈已外出打工，然后，此等光荣大任便降于老二与俺身上。

六七岁的年纪，风一般的少年，贪玩便是必然的。

于是，天降大任于俺身时，俺对此万分抗议。

无奈，老爹所赋，大任也。尊上势力强大，抗者，寻死也。

自此，在两小只未步入幼儿园的年代，守护两小只便是老二与俺的要职。大到玩耍跑步，小到洗澡穿裤，俺俩带其奔跑着，为其服务着。

　　大概是老二比较向往自由，故，她相当拒绝俺们的跟随。故，俺俩协商每人带两小只中的一只，且隔天交换着带。故，俺今天带着小小只，明天带着小大只，玩遍田园山野、小溪细流，与大地亲密地接触。

　　俺们乡村的小溪水是真正的清洌，只要是视力正常的人，对于水底的沙石，一眼望穿绝非难事。

　　因而，小蝌蚪盛产的时期，抱着将蝌蚪养为青蛙的念头，俺带着小小只或小大只，提着洗净的塑料罐到溪边对着乌溜溜的一团那么一舀，小蝌蚪便妥妥进罐。这样的场景每年春季都要重复上好几遍，故，被俺们养至西天寻佛祖的青蛙崽不计其数。

　　闲暇懒散的时候，便到村里头有电视看的小卖部蹲点，只为看那孙大圣七十二变打妖怪，并且时刻盼望着那孙大圣能够听闻俺们的呼唤，驾着那雾气弥漫的筋斗云来带俺们帅气地飞。

## 2

　　孩童无忧无虑的日子飞逝，两小只逐步成长，俺也由幼稚天真的儿童转化为懵懂青涩的少女。

　　小小只为雄性，年纪见长，彪悍的人生由此拉开序幕。

回想当年，他时值幼年，俺忍不住火气对他君子动手不动口时，他便瘫坐在地上，可怜巴巴泪眼相待，而后俺好脾气哄着唤着，片刻之后他情绪恢复才肯半推半就起身跟俺走。当幼年摇身转变为童年，情况相差十万八千里余九十九点九九九。具体如下：俺待之以爪，他还之以蹄；俺敬之以蹄，他便蹄爪齐回。俺俩脾气一般倔，然，家庭大战日日开展，往往两败俱伤。战后俺每每对幼年的小小只极其缅怀。

　　老爹与老二在俺们心中的威信是十足存在着的，老爹对俺们的疼爱平日里表现着，但他板起脸来威慑力十分有。而老二自小乖巧懂事，在班上也总是独占鳌头，家中那一面墙上，满满地贴着她的奖状，为此，俺们尊她敬她。毕竟，她板起脸来的威慑力与老爹比起来，相差不了多少。

　　小大只是雌性，较于俺，温婉甚，老实甚，亲切甚。然后，俺跟小小只因战被老二罚站的时候，小大只便在边上坐着，双手托腮，盯着老二训俺俩，一脸百无聊赖样儿。

　　俺小学四年级的时候，同老二一块儿学会了骑单车，在还不会载人的时候，日子悠闲自在，日日骑着单车四处游走。那个时候，两小只在后头追随着俺骑单车的脚步，俺在前头享受至上的优越感。

　　上学读书的路上瞧着他人载着家中少小上学校，羡慕甚。而后，俺踏上了负重练骑的旅途。

学有所成，与老二一人一只，日复一日在上学的路上往返。四季过后，老二步上初中，与仍在小学踏步的俺们区分开了上课时间。过后，俺载着人儿在上学的路上，后座带有两小只，车头篮子书包一个，俺背上书包一个，小大只背上书包一个，挥汗如雨，与龟齐步，悔不当初。

后来，两小只也拥有了这项技能，接下来的很长一段时间里，每每上街，俺总想些这样或那样的法子，实现坐在后座上悠悠前行的理想，对有关他们边骑边将俺与sow进行对比的语句充耳不闻。

那段时期俺清楚体会着由心惊胆战到安心乐意两种截然不同的心理意境，可以确认的是他们曾经将生命放心地交托在俺手上，而如今，俺们之间的角色已然可以发生变换。

### 3

俺的青涩与懵懂逐步褪下，慢慢由一个日夜与两小只厮混的少年转化为渐解世事的青年。

而后俺的角色渐改，时常给予两小只的是呵责。

小小只性格甚倔，且易怒，不得不说，其性格与俺颇有相似之处，只是，俺不像他那样矫情。俺们惹他生气、踩到他雷点时，笑闹有时会令他恼怒，对俺们拳脚相待。

也有特殊的时刻,也就是他因俺们的笑闹破功,忍不住笑,却也是要为几分薄面带着笑靥继续对俺们拳脚相向。

故,俺对其的呵责很多时候都为无用功。佛曰:少年小伙,年少力暴,不可惹也。故,他年少轻狂身体逐步成长的时候,俺自觉地巨幅度缩小待他以爪敬之以蹄的频率。

较于俺跟小小只来,小大只的脾气便可道是极好的。特有的女孩家的性格,柔弱,泪点也低。大概是俺们家的小孩儿性格都有相通点,小大只虽柔弱,倔度也是有的。

估计是两小只的八字不合,俺们角色渐改之后,时时听到小大只的告状诉讼,大抵都是受欺不满委屈所致。肇事者往往都是差她一岁的小小只。俺每每都为她泪眼蒙眬、眉头皱起的委屈样所动,带着怒去训小小只,结果每次都令得脾气颇劣的俺自个儿受各种不同层次的内伤。

也正是因为小小只的劣根性,使得俺同老二都比较偏爱小大只,因她比小小只让人省心得多,也舒心得多。故,在给两小只好吃的或者别的什么东西时,俺同老二都很默契地给小大只要多一些,当然,小小只每次都是不知情的。小小只有时还是颇有些自知之明的,认为俺们不可能会给他们俩等量的东西,当他有此怀疑时,俺们定是合起伙来隐瞒过去的。

4

　　2012年，两小只步入了初中，开始了叛逆。俺们后知后觉。

　　俺有这个觉悟，是在老二不再对小小只进行体罚，而只对他讲道理的时候。是了，他时值青春期时，打骂都将会是彻彻底底的无用功。但是道理俺讲得不怎么样，这在他看来，就或许是俺年纪大了，啰唆的表现。自他步入少年以来，在他面前，俺一向是没有威严的，对此，俺只能够表示无力。

　　他俩之间，俺们不再如何偏袒。

　　俺一度期盼着他俩快快长大，使得一家人在家的时候，俺们的耳膜能够落得个清静。不曾细想，当他们长大了，也就预示着他们有了自己的思想了，便不再是老老实实听家长话的小孩儿了。

　　小大只的性格，让俺们太过放心，却也因为这样而忽略了她也时值青春叛逆期。

　　发现她的异样，与时代科技息息相关。她让好几个人给她申请QQ号，却也因各种原因让这些个QQ号都不再属于她，或是放弃，或是易主。俺确信如若俺去理清缘由，定然是"清还乱"的结局，聪慧至此，俺选择置之不理。

　　俺以知晓她密码为条件替她申请了个号，以此约束她。想来俺确实是年岁见长，很长一段时间过去，俺都不曾记得去登她的号查探其情。如梦初醒般去登号检查时，已然酿成悲剧。

——检查结果：上课看小说，还存在恋爱迹象。

从未想过这厮的雷人力如此强大，直把俺雷得外焦里嫩。俺做过的事她做了，俺没做过的事，她也做了。那段时间，俺伙同老二对着她做着思想工作，成果如何俺不清楚，俺只清楚往后俺再也登不上那个QQ号，这成了俺心中一个永远抹不平的疙瘩。

5

2014年中秋前夕，接到老二的电话，她在家中，同两小只在一块儿。

他们问俺归不归家。

归。

如何能不归。离家几个月，甚念。

俺承认俺是恋家的孩子。

恋家，有家人的家。

离家多次，两小只很少对俺归家与否这类问题加以关心，而今他们如此一问，俺心里一热，眉开眼笑。

人生在世，能够矫情多少回？不同小小只的时时矫情，偶尔矫情一趟，也是别有一番滋味的。

老二发了说说,主旨在于表达对小小只学习问题的闹心。俺无赞无评,只知心中五味杂陈。

忧心片刻。

点开老二的空间,进入相册,查探其中的乾坤。

俺瞧见了两小只的照片,零零散散的几张,自小学到初中,鲜明的成长变化。

他俩早已长成两大只,却也仍是让人放心不下的两小只。

这段时间俺打电话回家,总嘱咐他们:有空多给三姐打电话,让三姐知道你们也有在想念三姐俺。

11月30号下午,小大只打电话来,同俺唠了几分钟电话,俺将每次电话里嘱咐的再嘱咐一遍后,因她一句"你也要多穿点儿"再一次眉开眼笑。

谁道唯有情侣之间才可以称为青梅竹马?

俺家这颗青梅、这枝竹马,俺爱得紧,恨得紧,疼得也紧。

看淡世事沧桑,内心方能安然无恙。

许尔等一世安然。

## 在那段名为青春的日子里

# 在那段名为青春的日子里

宠物酱

## 白　粥

华子，你还记得当初拼了命也要追上你的白粥吗？

白粥？思绪开始飘向n年前。

印象中他很跩，喜欢甩一本数学题过来。"随便问"，是他的口头禅。他另外的口头禅是"士可杀，不可辱"。扎在男生堆里，长得斯文略显矮小的就是他。他什么科目都好，惟独体育不行，我们班男生就五个，他是唯一一个跑步输给女生的男生，而我就是那个让他名列班级跑步第六的女生。有一段时间，因为考试心烦我常去操场跑，每当我跑得岔气时，他就死命留给我一个后脑勺儿以冲刺的速度冲到终点，然后面带笑容地向我走来说：

"华子，你今天也下来跑呀。"好不容易他能一口气跑操场二十五圈，个子也跟着往上长时，我小腿却变得全是肌肉，从原来的只能跑八百米到如今硬生生地拿公里来计算，这对一个女生来说是晴天霹雳。

"我恨死他了。"我恶狠狠地扒了一口冰淇淋。

"你今年有参加马拉松吧，白粥也有去。我还记得那一年运动会，他参加三千米跑最后冲刺三百米时，他让你喊'士可杀'，你没喊，他傻傻地喊了句'不可辱'拿了个第四名。"

"他现在跑步都比其他人厉害。"我懒洋洋地看着见底的冰淇淋。

"你猜猜他现在读的专业是什么？"诗凡一脸的奸笑。

"汽检维修？"

"你怎么可以小瞧他，是中文系，他在大学里是红人，他读的那所大学就是你心心念念没考上的，真是……"

"哦。"回忆又开始作祟……

## 学　霸

"随便问。"他甩了一张满分的试卷在我面前嘚瑟。我接过试卷，嘶啦一声把试卷拆成两半："谢谢，我只需要这一半，剩下的还给你。"他好久才缓过来说："你也太有个性了吧。"我眉毛一挑从抽屉里拿出透明胶放在他手上："自己粘，有没有觉得我特有人性。"说完拿出红笔快速对数学试卷答案。

他拿着透明胶一脸郁闷地转身回过头做着他的习题。不一会儿，他转过头来问："华子，你真的可以随便问。"

"你信不信我把试卷往你嘴里送。"我作势要把试卷捏成一坨，他连忙捂着嘴转过身。

我放下试卷握着笔，看见他捏着后脖子假装做题时的背影，再看看那被我撕掉一半的试卷上潦草又简洁的解题步骤，笔尖似乎传来温暖的感觉，手心冒着汗。

"不可以，绝对不可以问他这道数学题！"自尊心作祟，我抄完试卷跑向学委那边问他问题，再抬头时看着白粥一脸不爽地抽回试卷留给我一后脑勺儿。

中午，我妈熬了中药带来学校，千叮咛万嘱咐临走前还不忘交待一句："身体比学习重要，不要熬夜。"我妈额上早是细碎的汗珠，等晃过神来时老妈已经在太阳底下缩成一个小黑点儿。我转身回教室里时，白粥还在演算习题，我坐在他后头看着他的背部湿成一片，透过他的背部仿佛就可以看到他快要演算出的那个答案，而我的心脏却怦怦地跳，呼之欲出的答案是……

## 跩 得 不 行

"我讨厌你,阿嚏,阿嚏……"鼻涕又要出来了,连抽好几张纸巾,直到抽纸盒见底。鼻子红红的,手僵硬地拿着圆规作杀人状,他才闭上嘴巴回过头继续做他的物理题。

大冬天里教室的窗户咯吱咯吱地响,冷空气围绕在鼻尖,闯进脖子里,手瑟瑟发抖,从抽屉里拿出冷得发硬的面包大口地咬着,连续几天的重感冒让头很重,舌头尝不出味道。大中午看着那张打了个大叉叉的试卷,心情低落地不想爬去宿舍休息。

又一个阿嚏,一件东西搭在我头上,我不耐烦地抬起头,却见他早已脱了校服在那边嘚瑟地上挑眉毛说:"好热啊,你有没觉得,华子?"

一瞬间就被他这个煞有介事的表情给逗乐了,我把校服搭在肩膀上看着前面的他时不时在那边冻到抖脚,最后只见他拿出一盒"合味道"转头说:"华子,你帮我去弄一下热水,泡面一半分给你啦。"

真的是一个跩得不行的人,明明开水离他不过半米远的距离,想当绅士却当得这么逗,最后他还真的拨了大半的面到我水杯里,他边吃着面还不忘回头调侃道:"人间美味。"

我小口地喝着汤，汤入肚时顿感温暖包围全身。他那时微微翘起的嘴角以及那臭美的表情就这样伴着冬日冷气温暖地停留在时光的那一头，却再也跨越不过时光这一头。

对不起，还没来得及说声"谢谢"。

### 士可杀，不可辱

"华子，现在才发现你很不上镜。"

"你再说一句话，我就像捏死一只蚂蚁那样对付你。"

5月毕业照就下来了，当初极力想压住的那一撮刘海儿还是翘了起来，反手把照片扣压在桌面上。天空云朵成群，篮球场上没半个人，操场上一群被强制参加阳光体育两千米的小学弟小学妹正拖着老长的步伐前进，前一年咒骂阳光体育活动摧残祖国花朵的暴行，今年突然无比怀念着那一段拖着小伙伴的手说："年段长又往我们这边看了，快跑。"我转过头，他也刚好回头。一时的眼神碰触，彼此尴尬不已。

仿佛又回到校运会那天，全班大部分的女生在男子三千米最后一圈冲刺时争先恐后地迈开步伐大喊着："士可杀，不可辱。"（他的必胜口头禅。）我一直带跑在他前面，我从来都没想到过他可以以那样的速度那样认真的表情跑在大多数男生的前头，他把一整杯的水浇在头上，水滑落在他的鼻尖，滑下脖子，就像变了一个人似的。我大喊："华子，快喊！"

我在离终点两百米处体力不支停留下来，听着他的那句"不可辱"在风中久久地散去。在这秋日的夕阳和凉风下，第一次感觉到一种来自心脏的闷痛和失落，我开始害怕"改变"这一词语，不是害怕他改变，而是害怕自己改变不了。白粥跑完之后依旧很精神地在班主任面前表演俯卧撑，可我知道再也回不到从前了。就像他高考志愿是×大，我无法做到他口中说的："华子，你一定要填×大。"我还是那个动不动脾气就冲上来的后桌，可是我真的害怕那种对我期待的眼神，尤其还是他，我的前桌白粥。

高考最后一场模拟考前，白粥重重地拍了拍我肩膀说："不可辱。"

我风轻云淡地说了声："加油。"然后他像个泄了气的气球从我身旁离开，我和闺密甲相视一笑，最后在他背后用了平生最大的力气喊出"士可杀，不可辱"，然后红着脸连忙逃开。

剩下的就一点儿遗憾都没有了，我拽着闺密的手难过地走上二楼的考场。

### 名为青春的日子

"华子,你今天又下来跑步了。"

"华子,你的小腿又粗了。"

"华子,你真的可以随便问。"

"华子,你……"

"白粥,你再说一句话,我就……"

一晃神儿,仿佛又回到了那段名为青春的日子里,一脸欠扁的表情的白粥,冲着我嘚瑟的少年。他从抽屉底下抽出纸巾递给我说:"未来的路很长,我的纸巾都是给你擦鼻涕的。"

少年的笑容很欠扁,很帅气,我红着眼睛重重地捏紧了他的手点了点头,疼得他龇牙咧嘴差点儿在课堂上喊出来。不管考试结果多差,有你在的那段日子,真好。

再见,我的白粥。

# 夏日里的不老歌

林淳一

## 也曾相当愉快地度日如年

原来我与高三那段时光已经隔了相当的一段距离了——几千里路，六个月，新的人，新的事。

记忆里的我，还是那个抱着一堆复习资料，在周末的黄昏时刻沉重地走进教室的女孩儿，教室里有着断断续续的谈话声，你不在座位上。我往走廊上靠近栏杆的地方看去，果然看到你搬着凳子坐在那里。我走过去使劲儿拍你一下，把你吓了一跳，你放下数学五三转过身就要打我。我说你要再打我就不给你吃刚刚买的泡芙了，你才停下来。

你曾经对我说："死丫头，你是有多幸运在高三的时候遇见了我。"我没有说话，即使这样我还是从心底里感谢缘分这个奇妙的东西，明明我们是两个那么不同性格的人，却会在即将升入高三的夏日里相遇，从组员和组长升级为同桌闺密。或许这就是久别重逢吧，我曾经清楚地看见，我们像两条平行线，在越来越远的地方，交叉，相遇。

我在北方冬日高三空气污浊的教室里度日如年，看着你奋笔疾书地刷题，然后在大课间被你拉着去楼下看冬阳——你的男神——打球，这真是高三备考的日子里鲜有的欢乐时光。只是静静地看，看他们跳跃，起飞，落下，看他们轻轻擦去侧脸的汗水，静静地等待时光，偶尔，会帮你去给冬阳买水。

只是倏忽间从隆冬进入盛夏，高考像一阵大风，总会把人吹散。还记得考完那天，你拉着我说："丫头，你说我们还会再见吗？"

"我说会的，一定会的。"然后一起走了很久，唱了很久，从《匆匆那年》到高一军训时唱的《当那一天来临》。那真是我曾经过得最短暂却像一整个青春一样漫长的夏日。

是啊，也曾欢乐地度日如年。

## 回忆这东西若是有气味，那一定是柠檬茶的香味

高二也算是高中三年中最轻松的一年了吧，有大把大把的时间消遣。那时，教室刚刚装了多媒体，大家就利用空闲时间看电影，从《指环王》到《雾都孤儿》再到《后会无期》。没有老师来辅导的晚自习课，灯一关教室就是一个小型影院，放映效果在我看来不亚于我后来去过的任何一家大型影院。

我就在放最后一部《指环王》的时候买到的那杯柠檬茶，在黑暗中悄悄地放在他的桌子上。是的，是冬阳，我喜欢的男孩儿。

我没有告诉过任何人，至于有没有告诉他，要从高二开学的第一周说起。我从未见过像他那样温文尔雅却不失活力的男孩儿，他用钢笔写着小楷，也在没人的午后一个人抱着篮球去打，我知道他和这所学校所有的男孩儿都不一样。在那个周六晚上教室没有人的时候，我悄悄地将一张纸条放在他的桌子上。很简短的"我喜欢你"是我用左手写的，歪歪扭扭，像个恶作剧。

后来这张纸条在教室传遍，同组的小伙伴开玩笑似的问我，是不是我写的，我说怎么会。然后默默地做作业，脸颊微微泛红。

他的成绩有目共睹，讲题也有非常大的耐心。到班里

第二次分小组学习的时候就有不少女孩儿先报到班主任那里，要和他一组。幸运没有降临，我的组长不是他，而是另一个女孩儿，一个穿米白色针织衫蓝色牛仔裤扎着丸子头的女孩儿。

小组学习时我们坐对桌，没有太多共同话题，因为我知道我们是多么的不同。你是独生女，每周都有父母开着豪车接你回家，而我是家里有姐姐有弟弟尴尬地夹在中间的人。你的口语一流，数学更是奇迹，而且可以在那天大大方方地对冬阳说"我喜欢你"。

同组的欢乐不少，在没有老师的吵得不可开交的晚自习，我们组六个人一起歌唱，从《爱是你我》到 *Someone Like You* 再到《南山南》。窗外有蝉鸣声和星星悄悄的细语。

### 那年那花还有那把破吉他

高一那年下过一场淋漓的大雨，我知道我没有带伞。

那时候我不认识冬阳，也不认识你。一个人背着一把二手吉他，在图书馆后的小树林拨着弦，轻轻地哼《白桦林》。黄昏时看到有高三学长学姐们匆匆的步伐，我却不紧不慢，一个人生活，一个人做梦。

在图书馆挥霍大把大把的时光，翻每一期旅行杂志，写下一行行无处诉说的文字。五月底的时候，樱花开了。

那时候有着一颗太过敏感的心，过早地了解到一些成人世界的规则和游戏，而将自己游离在集体之外，冷眼看着一切，关于花朵，关于爱情。直到年级主任将不及格的数学卷子甩在我眼前，收走我的所有小说，才将我硬生生地塞回集体。忽然间醒悟过来，看着过去的自己，只觉得像个色彩斑斓的黑洞。

后来我终于开始学着交往，学着生活。

再后来的后来，我遇见了冬阳，遇见了你。我知道我从来没有你的勇气，知道你也有着一颗敏感的内心。关于我和冬阳，我没有告诉过你，我知道他答应了你的表白。我在日记里写下："冬阳，冬阳，冬日的暖阳，有阳光足够，何必觊觎太阳。"

原来时光可以轻易地将那些不快抹去，只留下美好的回忆。我忘了刷过多少本五三，忘记了写完多少个改错本，我知道有你有冬阳，我的青春足够完整。那些夏日里的不老歌，总是在我的耳边响起，似在远方，也在眼前。我相信我们都是勇者，也终会"狭路相逢"。

直到今天我也会一个人轻轻地哼《白桦林》，只是再没有那把破吉他，和那年的我们。

# 歌声与你立黄昏再见年少时光

宁永顾

## 1

时隔几年，我又一次在雨中，微亮时分便急急离家，去异地上学。

将东西一股脑儿塞进包中的时候，心里莫名地烦躁，便没有吃母亲提前做好的饭菜，尽管她一直让我多少吃一点儿。想到家对于我来说变成了旅店一样的存在，只能偶尔歇一歇脚，停留的时间短得可怜，便觉无比揪心。

我让父母留步勿送，之后装作潇洒地像浪客一样轻装上阵，其实就是硬着头皮，没有办法地迎接无比迷茫的人生。

出了家门，坐上没有回头的光阴之车，随着车轮奋力转动。我开始头晕,就在这时,车上的广播里传来天王刘德华的歌。他沧桑地唱:我已开始练习,开始慢慢着急,着急这世界没有你,已经和眼泪说好不哭泣……我天天练习,天天都会熟悉,在没有你的城市里,试着删除每个两人世界里,那些曾经共同拥有的一切美好和回忆……

随后,记忆里那个少年又出现了。

## 2

那时我们还在读高中,过得无忧无虑,年纪恰好开出了一朵花,向着阳光的方向无忧无虑地绽放。脸上的皮肤嫩得可以掐出水来,墨水般的黑发,深色的瞳孔,张扬放肆的笑容,这些都被年少的我们所拥有。

同学们来自不同的城镇。为了增进感情,班干部商量在每个人生日的那天,大家要唱歌祝福,一起陪他度过家人不在身边的重要日子。

就因为这个原因,我们在课后闲暇时间拼命练习唱歌,这也成为我们枯燥学习之余的一种娱乐放松活动。

少年更是在每个人生日的时候都会上台献歌,他长相普通,却讨人喜欢,在班上极其受欢迎,而我只是角落里被同学们忽略的对象,没有之一。

只是谁也没有想到,我生日那天正满心期待他们的祝福,他却没有走上台前。

或许是虚荣心作怪,下晚自习后我拦住他问:"你是不是对我有什么意见啊,你知不知道都没有人给我唱歌,我多尴尬?"我抛弃往日乖巧的形象,不顾他人的眼色,公然咆哮,完全失去了理智。

他努努嘴细声辩解:"我怕你不喜欢。"

我被他的答案弄得哭笑不得:"你又不是刘德华,我会那么较真儿吗?"

3

那件事之后,我们的交集更是少得可怜,但是我却记得他唱过的所有的歌。

少年尤其喜欢刘德华,站在讲台上模仿天王的表情,生涩又别有一番滋味。从《冰雨》唱到《今天》,从《练习》唱到《世界第一等》,从《爱你一万年》唱到《你是我的女人》……虽然唱得有模有样,但我们仍然觉得十分滑稽、搞笑,便忍不住捧腹大笑。

可随即又怕伤害到他年少的自尊,瞬间又鼓起热烈响亮的掌声,爱闹的几个男生还时不时吹起刺耳的口哨。只是好时光总是不禁用,高考如约而至。

少年没有考好,毕业最后一次聚会都没有来参加。

聚会散后,班长告诉我,其实那年我生日的傍晚,少年洗澡洗发,还偷偷借了吹风机让同学帮他做发型,换上新衣服，为献唱做足了准备，可是最终还是没有勇气站起来。而我当时也忽略了他羞红的脸和不一样的神情。

这一忽略便是几年，直到青春的灰烬湮没了我们清纯的脸。

4

后来机缘巧合，我又遇见了少年一次。

那一年夏天，我们坐上了同一辆汽车。我一上车就从人群中认出了他，他皮肤晒得黝黑，有了成年人的外貌，稍微发福的肚子隆起来。我从他面前走过，他并没有认出我，一直在和身边的人说话，露出和年少时一样腼腆的笑容。

不知道为什么，本来还庆幸遇见了他，结局却满是失落……

当我从记忆里苏醒过来的时候，车子已经将故乡抛在了很远很远的地方。

我将头靠在车窗上，微风拂过脸颊，有点儿凉。音响里传来刘德华淳朴厚重的声音，那首经典的《今天》就这么飘进了我的耳朵：生命开始情不情愿总要过完一生……谁没受过伤谁没流过泪，何必要躲在黑暗里自苦又自怜……

我明白，我们都不能自苦自怜。

白驹过隙,时光荏苒,成长的河流将我们打磨,改变,无一例外。该走的必然会走,该留的自然会留,我们更好的姿态只能是怀揣梦想,拥抱希望。不忘初心,方得始终。

　　很多年后,我在书中读到这样的句子:生命恍惚,我珍爱这样的时刻。身体里的某根神经瞬间被击中,不禁泪如雨下。

　　那时我才恍然明白,为什么在特定的时间我们会特别强烈地想念某些人。正如那句话所传达的,我们都珍爱这样的时刻,可是这样的时刻多么短暂,只是生命的一阵恍惚罢了——我们为那样的时刻震撼,但是却无法停留在那样的时刻里,我们只能继续向前,如风驶过。

　　歌声与你立在黄昏里,我背对着夕阳说了再见。

# 青春的光景，匆匆走过

马佳威

金瑶是我高中暗恋了三年的女生，品学兼优，是班里男生眼中的女神。而我是坐在教室角落，一个不起眼的男生，甚至跟女生说话，都会涨红脸。为此，我常常是其他男生开涮的对象，随着毕业季的到来，我犹豫再三，决定向金瑶表白。

我们那时候表白并不是单兵作战。如果有人决定表白，往往是集体出动。刘轩是我的同桌，高瘦，由内而外透着书生气，他的头发总是被啫喱水抹得油光发亮，他可以把一双地摊货的皮鞋穿出富贵样。换句话说，刘轩是个长相俊俏的富二代。高三那年，班主任严厉打击早恋，即便两个人走路隔了一米远，都会被他犀利的眼神捕捉到。用班主任的话说，空气中飘逸着暧昧的气息。每每路过办公室，都会看见班主任唾沫星子四溅，而家长便在一旁频频点头。班主任杀鸡儆猴的做法，效果显著。而金瑶毕竟是女神，我常年可以目睹到前仆后继的"战士们"死伤惨烈的景象。

我决定用最原始的方式——给金瑶写情诗。于是在一个灯火暧昧的晚自习，我摇醒在旁打呼噜的刘轩，给他看我花了一个晚自习写就的情诗。刘轩看完便捧腹大笑，然后说："阿城，拜托，你写情诗也要写得文艺点儿嘛！"我惊讶地看着刘轩，刘轩顿了一下，又继续说："我给你打个比方，比如你要说我爱你，那么你应该说，今天风很大，满世界都是你的味道。"我似懂非懂地点点头。

等文采飞扬的刘轩帮我润色完情诗后，我决定亲自把情诗送给金瑶。金瑶永远都是遥远的存在，她的长发自然向下，笑起来露出两颗兔牙，她的眼睛又大又明亮，感觉她会发光，连笑容都璀璨。我开始幻想我把情诗送给她时，学着《挪威的森林》里的男主对女主说："阿瑶，你喜欢春天的熊吗？我喜欢你，就像喜欢春天的熊一样，你说棒不棒？"

第二天晚自习结束，趁着夜色，潜伏在走廊拐角等待金瑶。我揣着粉嫩的信封，信封里装着的是柔情似水的情诗，可是当我起身时，却看见刘轩站在金瑶对面，然后拿出一束花给金瑶。这时候，我才明白刘轩为什么那么好心给我润色情诗，他看我准备行动，就早一步下手了。我气急败坏地回到宿舍，在路过垃圾桶的时候，把情诗撕个稀巴烂，统统扔了进去。

刚回到宿舍，室友就着急地问："怎么样，成功了么？"正愁着一肚子火没处发，这时候刘轩哼着小曲回来了。我二话没说，就冲上去给了刘轩一记左勾拳，然后我们俩厮打起来。我朝着刘轩吼道："你小子是不是喜欢金瑶！""对，我就是喜欢她！"刘轩坦然地承认了。打完之后，我就开始难过，原来金瑶一直喜欢的都是刘轩，而我跟金瑶只是纯洁的革命友谊。

在错的时间里，我一出场，就已经错了。后来，我再也没有跟刘轩说过话，高考前两个月，刘轩就出国了。直到他离开时，我依然没有原谅他。

毕业聚会那天，我们都喝多了。在回家的路上，阿瑶突然哭了起来，她说："阿城，谢谢你。如果不是你，恐怕我再也没有勇气坚持下去！""感谢我？""如果不是那天你托刘轩给我送那束花，并在卡片上鼓励我，我就不会知道身边还有那么多人关心我。"

原来，那阵子，阿瑶的父亲去世了，她的世界一片阴雨。但是这一切被刘轩敏锐地捕捉到了，他知道金瑶喜欢我，就借着我的名义给金瑶送了那束花。当我知道这一切的时候，我却再也没有机会跟刘轩说对不起。我永远怀念那段青春的时光，怀念和刘轩嬉戏打闹的场景，我们有太多相似的爱好，也有太多烦恼。很多时光，因为遗憾才美丽。因为时光流逝，青春才显得更有意义。

# 从《夏洛的网》说起

愈 之

阅读《夏洛的网》时,我还在念小学。一切都将从这本书说起。

在那以前,我的藏书不是家喻户晓的童话,就是作文选和儿童图画;在这以后,是文史哲、社科和心理学图书。

《夏洛的网》是少儿频道介绍的,讲述了小猪威尔伯和蜘蛛夏洛之间的友情故事。昔日爱不释手的书籍,今天已经吸引不了我了,唯有阅读的情景,依旧徘徊于岁月的梦境之中,合上的书残留着指尖的温度,耳边是爸爸的鼾声,小屋的光很亮,融入黢黑的夜里也不显孤单。从那以后,我开始阅读文学作品,尤为钟爱外国小说。

那是一个网络不够发达的年代,身边的同学和朋友都还在看童话和作文,我在没有人指点的情况下寻觅书籍,

《悲惨世界》一类的世界名著就是那时候接触的。实在不知道要看什么，看懂了没有，自己也不太清楚，只记得有一次爸爸喊了许久我都不肯吃饭，因为正看到冉·阿让救马吕斯的章节。

随着年龄增长，学会了上网和网购，收集了不少读书网站，注册多家网上书店的账号，买书读书成为我生活的一部分。

杨红樱、曹文轩等写的陪伴一代人成长的书籍我也看过，除此之外还有周锐、黄春华和李志伟也是我喜欢的儿童文学作家。我遇见他们时已站在青春期边儿上，我曾经觉得自己的青春是错位的，一直都以格格不入的姿态细数年华：女孩子们看韩国言情小说的时候，我手里捧着茨威格；大家讨论饶雪漫的时候，我桌上出现了沈从文；同学们拿手机上小说网站，我抱着《叔本华论说文集》如获至宝……后来身边看书的人越来越少了，我房间的书却泛滥成灾，并且愈发不可收拾。

有一次和朋友聊起往事，他说家里有一整套马小跳系列，是妈妈特地托人从外地带回来的。因为她跑遍了小城里所有书店都找不到全套书籍。在妈妈的监督下，他把书看完了，还写了长长的读后感，书是喜欢的书，只是觉得味道变了。

蓦然回首，发现《夏洛的网》已经在我家待了十余年。这些年里，书页伴随岁月老去，变得泛黄而陈旧，它见证了一本一本图书在我书桌上流进流出的过程,有人问我是否真能读懂那些书,说实话,由于阅历和理解能力的不足,有些书我只能看懂情节,有些只明白大意。

然而,我读过的每一本都没有被父母惊扰。他们从未要求我读什么或者不读什么,当我还没有足够的稿费买书之前,他们帮我结了买书的账单;当我的稿费足够买书后,他们替我签下网上书店的收货单,却不过问里面是些什么书。

一个同学说我的青春是被这些书点亮的,我在最好的年华与被认为的"好书"在一起,而她的青春阅读史由言情和网络小说堆砌起来,可读书不就是为了取悦自己的吗?读得高兴,就没优劣之分,更没悲喜之忧了。

# 我只是想写篇作文

小太爷

我小时候得到的作文比赛的证书大概有一厘米那么厚,作为我们小学的保留选手,我在各种奇怪的命题作文比赛中总是能立于不败之地——当然这是四年级之后了。

四年级之前呢?

四年级之前我所有的征文都是在我妈的监督下完成的。

我和我妈俩人后来在家中基本处于王不见王的状态,她写她的我写我的。倒不是我多挑,主要是我妈有强迫症,如果我写东西被她发现了,并且邀请她修改,那最后肯定就连标点符号都不是我自己的了。

举个例子。

大伙儿都知道,这个写作文呢,是有一定套路的。小时候写的作文大概也就这么几类,写人写物写事,再加上一些特殊的文体,比如诗歌或者导游词一类。有一次我们老师领着全班去另一个学校讲课,事后要求我们写一篇作文。当然啦,现在看来老师的目的也很明确,让我们好好夸一夸她,课讲得好啊之类的。

我最开始也是冲着这个去的。

我幼年的想法是,我一定要超过我妈,成为这个家里最强的写作者(后来渐渐发现我俩写的不是一条路上的东西),所以每篇作文都要拿去跟我妈显摆。

那次也是。

我妈:"不行,拿回去重写。"

我:"……"

之后在我童年经常上演的一幕就又出现了,我妈那边择着菜或者和着面,口述,我这边飞速地写,偶尔还要用拼音代……

当时我妈让我加了一段进入那个学校之前的环境描写和心理描写,加完了之后她把我所有的句子都换了个更高级的方式说出来……果不其然,第二天我的作文成为全班唯一一篇范文。因为"在总体水平很高的基础上还加入了引人入胜的环境描写和心理描写"。

从那之后我对我妈就很服气了。

大概三年级的时候——三年级是一个重要的转折点,我觉得这个转折点的意义不亚于2008年女乒决赛王楠和张怡宁的那场交接之战,这是我家一代目和二代目的权力更迭之年。就在这一年,我妈为我完成了最后一篇有奖征文,而我,从这篇征文之后,也踏上了独自写作的漫长道路。

从那之后，直到今天，我再也没有得过有奖征文比赛的奖品……

那篇作文名字叫《我爱妈妈》，是的，我妈亲自操刀的《我爱妈妈》。大致剧情是处于叛逆期的我（年仅十岁）一直对妈妈的一些做法十分不满，而妈妈还一心一意地爱着我。有一天手抄报比赛，我忘记了，一大早才跟妈妈说让她去给我买纸，而我妈在回来的路上不慎跌倒。

感人至深吧。

后来我得到了大赛金奖，一个台灯，这个台灯到现在都快十年了，我还在用……中间换过好几次灯管儿，但不得不说还是很好用。

那篇作文，如果放到现在让我写，我大概会写一个这样的剧情——我妈，一个天赋型的选手，非要拉着没啥天赋的我也走进文学深渊。我很小的时候她就领着我在街上认牌匾上的字，一次一次，不厌其烦，这使我在很小的时候就能使用很高端的词汇。她是我写作方面的启蒙老师，让我体会到了写作的美好。

而今天我终于可以脱离她给我的桎梏，写出自己风格的文章。但不知怎么，我却无比怀念那些台灯下的夜晚，我妈一句一句地说，而我，一字一字地写。我怀念那些结构严谨得像教科书一样的青涩文章，我怀念那些把写作文当作生命的日子，也怀念那时候的我。

最是繁丝摇落后，转教人忆春山呀！

# 即使没有明天也要守护

罂粟

## 1

我裸露着脚踝,一个人漫步在校园的小径上,轻快的脚步惬意得很。穿着凉快的我冻得瑟瑟发抖,虽然已是春天,但东北的天气冷得真不是一点点啊,一场雨夹雪又唤回了久违的寒流。

可我心里却是前所未有的畅快,本应该广播的时间里,我却跑出来开了小差儿,自顾自地尽情享受自由的空气和阳光。

我走在泛着凉气的路上,白色帆布鞋显得异常单薄,可我也毫不在意,边数着自己的步子边悉数过往。

2

我是个痛恨束缚的人,也鲜少自我反省和总结,故而学霸一类的称呼与我毫不相干。想想这些年,早已学会了察言观色,逼着自己忽视刺耳的讽刺,明明不堪一击,却要昂起头装作一派自然的样子。是成长了还是虚伪了?

我总是以主持人、广播员、领操员的形象示人,喜欢站得高又偏偏厌烦被太多人认识,很奇怪的心理。我向往一个人静静地唱歌给自己听,我享受一个人吹着晚风流着眼泪,我习惯一个人听着音乐独自在黑夜里舔舐伤口。

我一直以来都喜欢逃避,励志的姑娘学不好数学可能会千方百计地寻找方法去攻克,而我则是选择了一所永远不需要接触那些奇怪符号和难解定律的职业学校,开始了我新的旅行。

偏爱语文的我又是处女座,平时既矫情又婆妈,可是真到了该为自己做选择的时候,我却比任何人都要干脆,毫不拖泥带水。

3

听过身边学习特好的一个女孩儿的抱怨,她说自己成绩虽好,但本身是不爱学习的,甚至有点厌烦。重点高中对她来说犹如囊中取物，可她却有着自己的纠结和烦恼：喜欢美术却不能去学，不仅仅是因为家长不同意，她自己也觉得如果那样做的话未免辜负了自己，辜负了每晚的点灯熬油，辜负了每日的早起晨读，还有自记事起就一直在坐的凉板凳。她说是形势逼人，虽不愿，但必须顺从。

我对这一说法不置可否，毕竟没人真正能够逼你什么，也许"我命在我手中不由天定"太过狂妄，但自负好过自卑。

4

中考时我考上了本市的重点高中，数学破天荒地考得不错，亲朋好友纷纷送来祝福，我却不以为然，甚至有点儿微微的窒息感。可能是因为我和其他人的想法不太一样，他们想的是我以后如何循规蹈矩的人生，而我首先想到的便是日后更加枯燥的数学以及死板的公式……

也许我过分消极，也许我鸵鸟心态，但不管怎么样，我不想要被禁锢的灵魂，不想要失去自由的肉体，不想要被安排的人生。

我把那份录取通知书当作九年来的交代，我可以欣慰地告诉自己：我不比其他人差，即使是转身，也不是因为失败。

## 5

  人的一生有可能会爱上不止一个人,但一定会有一个人,你不愿再提起,却也永远不会忘记。

  我们一如既往地一起跑步,你挺拔的身影一下子停下来,转而哭得像个孩子,你跟我说:"即使没有明天也要守护,即使没有未来也要坚信,哪怕以后会分道扬镳,可不可以不要忘了我?"

  我看着你噙满泪水的双眼,缓缓转过身背对着骄阳似火,凝望夏日的天空哽咽得说不出话来。

  此刻,万里无云的天空,蔚蓝蔚蓝的,几乎透明的颜色却透着三分绝望,七分压抑。

  愿我们都能过得好,不要在应该流泪伤感的年华里过于淡然,也不要在应该随性的岁月里禁锢自己。千载华梦,勿忘初心。

# 时光时光慢些吧

龙 蛋

跟外省舍友说起爷爷的时候,我都习惯说我家阿公什么什么的。然后外省舍友就会一脸茫然地看着我问阿公是谁?嗯,阿公就是爷爷,广东粤西地区的方言。

从小我就知道,阿公不喜欢我,因为我是女孩儿。在农村,没有多少人会喜欢女孩儿吧……我有两个堂哥两个亲弟两个堂弟一个表弟,说白了阿公就我一个孙女,可就算是这样,阿公也没有对我有半点儿的喜欢,更不可能把我捧在手心里疼。可能是农村人骨子里重男轻女、传宗接代的想法作祟吧,俗话说"嫁出去的女,泼出去的水",想想阿公不喜欢我也正常。

村里和我同龄的女生不多,所以小时候我经常跟弟弟们去阿公家玩。小孩子是最敏感的,我知道阿公不喜欢我,比如阿公去镇上从来不会带着我;吃饭也不会给我夹菜；抱弟弟们转圈圈也没有我的份；好像都没对我笑过……

　　记得上小学的时候，有段时间我在阿公家住，有次半夜把尿撒在床上了，和我一起睡的阿婆被惊醒，她叫醒堂哥帮我拿裤子的同时也把阿公给吵醒了。长大后，堂哥开我玩笑的时候总说起这件事，堂哥说阿公当时是很大声地说"再撒尿就回家去睡"，都把他吓到了，因为他很少见到阿公发这么大脾气的。堂哥说那时候我见到阿公都是撇开脸的。但小孩子就是小孩子，遗忘速度超快，只有几天的失落，不开心就被爱玩的天性冲刷掉了。

　　记忆中，阿公特别重视两个堂哥的学习，每天天还没亮就起床去买猪肉煲粥给他们吃，等堂哥们吃完，阿公就教他们学习。堂哥放学回家后，阿公又是督促他们做作业又是检查。阿公这样做是想家里出个大学生可以光耀门楣，说出去有面子。但两个堂哥根本不是读书的料儿，初中还没毕业就出去打工了。阿公气得打了堂哥们一顿，好像也是唯一的一次。而我，从来没有被阿公打过，哈哈。

　　初三的时候因为成绩还不错，有希望考上重点高中，阿公对我的学习开始上心了。那时候每周末放假回家，阿公都一大早就来看我是否起床在做作业了，如果我还在睡觉阿公就会唠叨，左一句你怎么还不起床啊都这么晚了，右一句都快中考了你就勤奋点儿吧。虽然我是个懒人，但我也不想被唠叨，所以很多时候我听到阿公在楼下一叫我，就赶紧爬起来梳好头发，用手抹掉眼屎假装在做作业。阿公看到我在做作业后就会坐在客厅等我做完然后再和我聊几句。那时候年少无知，不喜欢阿公的唠唠叨叨，阿公说什么我都是嗯啊哦好的我知道了……也可能是因为小时候被阿公的偏心留下了阴影吧，我觉得阿公关心我都是有目的的，所以我做的与阿公希望我做的都是相反的。叛逆的结果就是差几分没考上重点高中，上了普高。阿公倒也没有责怪我，可能在他看来堂哥连高中都考不上，我还能读高中，那考大学就还有希望。

阿公有四个弟弟，不知道从什么时候起，每个兄弟家里出一个大学生变成一件很重要的事情。在我读高三的时候，阿公四个弟弟的家里已经都至少有了一个大学生。可能阿公有点儿着急了，怕我又像初三一样差几分考不上至少是二本的学校，所以我每个月放假去阿公家吃饭时，他都叮嘱我要努力努力再努力，不要贪玩，要抓紧时间学习，不要怕问老师问题，高考后想怎么玩都可以……那时我已经习惯阿公的唠叨了，回答阿公也不是嗯啊哦好的，而是自信心爆棚地回答他："我知道了阿公！不用担心啦！考个大学很容易的啦！"阿公被我的安慰大话说得笑了，还不忘说："你是家里的第一个女大学生啊，要认认真真的，做任何事都不要害怕。""阿公，我知道的。您放心。"

阿公有三个儿子，只有姑姑一个女儿。阿婆说阿公年轻的时候也不喜欢姑姑，什么活儿都叫姑姑做，姑姑也只是读到初中就出去打工了，但好在姑姑勤奋，上夜校考了会计证，最后在银行工作。阿公很是高兴，逢人就说姑姑多厉害。姑姑嫁得近，每个星期都来看阿公，大包小包地拿礼物给阿公。所以说，不要因为自己是女孩儿，家人不喜欢就自暴自弃啊，等你努力后厉害起来的时候全世界都为你高兴骄傲，性别什么的根本不重要。

后来，我考上了一所本地的二本大学，阿公拿着我的录取通知书反反复复看了好几遍，还问我是不是真的在那天上大学啊。还特意问别人我的专业就业率怎么样。阿婆说阿公操心过了头。也可能是激动的吧，连我去大学报到那天的出发时间，阿公都查日历应该在哪个时间段出门才是最吉利的，还一大清早就来我家叫阿妈起床煲粥给我吃，问阿爸的车有没有加满油。还塞给我一个大红包说不够钱就打电话跟他说……

因为学校离家蛮近的，我就像高中一样一个月回家一次，村里读大学的都没有像我这样勤回家的。阿公有点儿担心我那么勤回家学习会落下。我还是像以前那样说大话敷衍阿公，不用担心啦，大学学的东西比高中容易多了！阿公为了治我自傲的毛病说了两个故事给我听。

一个是古时候有三个秀才上京考试，在路上见到一棵火炼木。一个秀才说一棵火炼木，一个秀才说两个木丫杈，最后一个秀才评价不出来，以为这是考试不过关的前兆就急哭了。刚好一个捡狗屎的老人经过听到哭声问怎么回事，秀才们把事情的经过说了一遍。老人看了一眼火炼木，用狗屎棍敲了敲木身，然后说"未结黄金果，先落雪白花"。火炼木的花是白色的，结出的果是金色的，金榜题名的意思啊，好兆头。秀才们佩服得五体投地。

另外一个故事是，从前有一个秀才见到一个农民在晒谷子，就卖弄才学说：大箩是箩，小箩也是箩，把小箩装进大箩，两箩并为一箩。农民看了秀才一眼说：秀才是才，棺材也是材，把秀才装入棺材，两才并为一材。秀才被讽刺得面红耳赤赶快走了。

我想阿公是想通过这两个故事告诉我，不要以为自己是大学生就有文化了，就不用努力学习了，很多事不能只凭空讲，要用实际行动来证明。阿公，我知道了。我不会让您失望的。

阿公今年八十四岁了，即使做了三次白内障手术，视力还是在逐渐下降，看书都得拿着放大镜；行动迟缓，走路必须用拐杖；和我通电话我都得重复几次他才能听清；很多时候他都是在睡觉，吃完饭睡，不吃饭的时候也在睡，打着很响的呼噜，但听着很让人心安。

这些是不是说明阿公老了？这些都是老人才有的特征吧？那时间，请你高抬贵手，走得慢一点儿再慢一点儿吧，阿公老了，我也长大了，我想陪阿公走得远一点儿，再远一点儿。

## 就是这种小孩子

# 就是这种小孩子

谢雨柯

一直觉得自己是一个别人有时候会觉得很优秀,但其实是非常奇怪、不太讨喜的小孩子。

## 是认真上进、沉迷学习的好孩子

学习成绩很好。

嗯,非常好。

宇宙无敌之好。

……别打我,别打我!

好啦,其实班级第一的我,考试前也会害怕,拼命复习,恶补没背熟的地方,因为怕这一次就不是第一了啊,从云端跌落谷底的感觉一点儿都不想体会呢。因此,只能一直努力保持这个名次,但其实也蛮险的。尤其是地理,简直是一道过不去的坎儿。

地理老师年纪大、语速慢，课上催眠功力极强。好在我初一暑假下定了要考上浙大的决心后，初二以来每节课都努力听进去，于是强撑着并未睡着。奈何老先生的教学方式着实新颖独特，不划重点而是把课本内容过一遍后就教我们唱歌，比如学北方地区时唱《我的家在东北》，还要求我们把歌词背下来，我的内心是拒绝及崩溃的……

这就导致了半个学期下来，课本上空空如也没有任何笔记（我能怎么办我也很绝望呀）。然后新老师翻了翻我们的课本，也是十分震惊。

是的没错，重点是地理课换老师了！这就意味着我身为总分年级第二、被第一甩了十分的地理成绩有救了！哈哈哈哈！

新老师特别好，笔记做了很多，划的重点也有时间背，不慌不忙。

还是一如既往地努力啦，安静地做一个宠辱不惊的学霸，坚持着自己的坚持。谁叫我是对于自己不擅长的学科也那么认真的孩子呢。

可是啊可是，就因为学习好，在很多家长眼里便似乎全是优点了。其实不是那样的啊，他们家小孩儿的闪光点，他们根本没有发现，而是仅凭成绩一个劲儿地嫌弃。

此刻"没有被发现闪光点"的同学们听到这话翻翻白眼鄙视我站着说话不腰疼。

### 是没有礼貌、性格别扭的坏孩子

说起没有礼貌，我自己也能很清楚地意识到——确实是很没有礼貌啊！

比如在自家楼下碰到邻居叔叔阿姨，都要犹豫好久才决定要不要叫"叔叔好"或者"阿姨好"。明明是那么简单的事情，却偏偏就是不敢做。后来呢，就干脆每次都不叫了……

虽然每次事后都会后悔不已，明明在第一时间打声招呼就好了啊，在想些什么呢？有些时候叔叔阿姨主动向我打招呼，我也只是回一个"嗯"和在别人看来可能有些冷淡的微笑。

似乎习惯了这样。这样真的不太好吧，叔叔阿姨们闲聊时应该总会提到我那么一两次，对我的共同印象中应该总有一个是"这孩子没什么礼貌呢"。爸妈也不止一次埋怨过我嘴怎么一点儿都不甜呢。在路上碰到老师，如果对方一时没有看到我，便下意识地绕路走，不像其他同学那样能够很自然大方地打招呼。

我也不是很会为别人着想。

初一夏天，课间，我准备去小卖部买水，不算非常熟的女同学徐递给我一元钱，问能不能帮她带一瓶。我没有多问原因，心想可能是太热了懒得走吧。

然后我买了两瓶冰水，把其中一瓶给了她。徐的神情有点儿尴尬，但还是没说什么。我不明所以，同桌看在眼里，把我拉到一旁，轻声责备我："徐是让你帮她买水吧？你看她今天整个上午都坐在座位上没有动啊，很有可能是来'亲戚'了。你还给她买冰水。"

我愣了一下，才反应过来。原来是这样啊。呃，要不要跟她道歉说明一下自己不知道呢？那样似乎更尴尬……

不知道为什么，我一直以来都把向别人道歉当作是一件很尴尬、很没有面子的事情。对于狮子座的青春少女来说，面子多重要啊。所以我几乎从来没有向别人道过歉，比如走在路上不小心撞到别人这种事，竟也只是在心里反复地说着"对不起，对不起"。心意是很真诚的啦，然而每次都好想打自己：你直接说出来会死吗？等到我自我埋怨的时候，人家早就已经走远了……

于是最终还是没有和徐说什么，下一节课间再给她买一瓶作补偿的打算也因老师拖堂而不了了之。后来我们也没有什么交流。

虽然一直到现在我都感觉挺歉疚来着……

## 是温和安静、偶尔善良的好孩子

其实有的时候，确实感觉自己毫无优点。可是朋友们说我的优点很多啊，我自己都没怎么注意到呢？

同学录中，她们写道："你是一个很善良的女孩子""第一印象感觉很文静，像学霸""发型像动漫人物一样，性格单纯呆萌""有的时候太温柔了，而且力气好小啊"……

　　善良的话，心中有那么点小窃喜。自己的心有时候的确会很柔软，也容易被治愈和感动。喜欢小动物和同情弱者的女孩子总不会太坏吧，嗯，我就是。

　　文静什么的……我是热情大方的狮子座啊，我认为自己很开朗来着。从小到大被说文静，想撞墙。咦，不过像学霸这点我承认……呸呸呸，什么像，本来就是嘛！

　　哈哈哈哈发型像动漫是因为我很喜欢动漫啊。单纯萌没错，哪里呆了……温柔这个词，虽然自己感觉不适合用来形容我，不过好歹是个褒义词吧？不错不错。力气好小……对啊每次我和她们玩掰手腕都比不过。

　　好吧重新看了一下前面几段发现我还有一个优点叫自信。不是自恋喔，认真脸。

### 是心理阴暗、胡思乱想的坏孩子

　　那是从小学的时候开始的吧。我经常在想，明明我生活的环境挺好的，也没有什么阴影，为什么会这样呢？

　　那些时候总觉得自己没有朋友。

　　体育课自由活动，女生们各自聚成小团体，而我总是怯生生地不敢加入她们,一个人绞着手指默默盼着下课。课间有女生买来辣条在座位上吃,分了几根给我身边的同学们,却似乎唯独略过了我。我只能咬着下唇,眼巴巴地看着她们吃。父母是不允许我买这种"垃圾食品"的,而她们却可以,这使我羡慕不已。

于是那种小小的羡慕竟默默扩散,转化为一个人心中的嫉妒,完全不会表现出来,却深埋心底。

那种沉默、自我而病态的孤单感,究竟是从何而来的呢?一些并不难发现的关键点,当年怎么就没有注意到呢。比如大家聚在一起玩,你一个人在旁边,谁会注意到你?自己那么没有勇气,笑嘻嘻地向同学讨根辣条都不敢,明明什么都没表现出却反复在心里埋怨:"怎么给她们就不给我啊,是不是故意针对我啊?"

真是莫名其妙的阴谋论和心理阴暗啊。其实都是那么小的孩子,哪会那么留意别人的孤独呢?

可当我开始渐渐明白这些后,已经过了很久很久了。

不过也不算晚。

### 是在努力想要改变自己的乖孩子

我在检讨自己的各种缺点。

有些时候很任性、太自我;不懂尊敬师长,不懂礼仪谦让;从来不肯承认自己的错误,哪怕心里清楚;容易把别人往坏处想……

其实这些，我都明白的。

我是一个贪心的人，希望在意的人能够在乎我，不在意的人也能够在乎我。其实呢，只是希望而不能让自己变得更好的话，那这种希望也不可能实现啊。

于是就尝试着改变吧。Try my best not to do these things.

### 谢谢你们愿意宠爱着我

不知道你们会不会暗地里不止一次地嫌弃我、议论我的这些呢？还是觉得我的优点要比缺点多呢？

这样的我，现在还是有朋友的啊。可以骄傲地说，很少，却都很好。

也有讨厌的人，但我因自己比她快乐而得意。因为我有你们，所以她根本比不过我。

谢谢你们呀，真的很感谢。我有时幼稚得像个小孩子一般，你们却不会在意那些，而是选择和我一起疯、一起闹。你们看到我那么多的好，而我也会让那些缺点不再存在。

从现在开始，我将会让你们看到一个不一样的我，一个所有认识的人都会喜欢的孩子。

# 让我为你解析一枚文科男

夏南年

某天下午,我看杂志看得津津有味,毛毛同学突然拿着《中学生博览》6月合刊兴奋起来:"这不是你写给某某的吗?"我还没来得及惊讶一个男生怎么那么八卦,毛毛同学就把杂志放在了一男生的位子上:"你看!"

"你怎么那么八卦!"我忍无可忍。

"不是的,我经常和他讨论到某某,顺便就会说下你们俩到底是怎么回事,我才给他看一眼。"毛毛据理力争,结果越抹越黑,我直接用杀死人的目光望着他。

于是那天晚自习,毛毛同学就和我传纸条说了某个人的种种奇葩事迹,不知不觉引到了他的话题上,于是整个晚自习分分钟刷新我的三观。

我几乎是语无伦次地拿着本子:"纸条给我给我,我要把你写成小说!"

"那你记得用我真名啊。"毛毛同学瞬间就当真了,"写完了要是能发表多好,以后我就可以拿出来显摆,看我可是上过杂志的人。"

原以为这段对话只是信口开河,或者即便写也要等到N年后再动笔,没想到从那天开始,从未被催过稿的勤快的我遇上了个更勤快的。

"喂,你说要写我的,写了吗?"

"哎,说好的写我的文章呢?你快写啊,我还等着看呢。"

"你到底什么时候写啊?"简直是三百六十度无死角催告,和我妈催我背书一样一样的,以后毛毛同学当编辑,绝对催得一票写手抱头鼠窜。

我是谁呀,我稳如泰山!"你急什么啊,就算现在写了,最早也要等到提三月份稿子的时候再提了。"

"你每次都这么说,拖来拖去不就更迟了吗?"全班公认呆头呆脑的人突然变机灵了,我迫不得已,咬牙切齿在没有电脑的时候拿起了笔,并且发誓如果不过稿,一定各种翻新修改死磕到底,让他这个典型的文科男呈现在全国读者的面前,满足他出现在大家眼中的愿望。

说了那么多,还是先来介绍一下吧,毛毛同学是谁呢?他的真名比那个最近上了好多次微博热门的陈晓多了一个字,他是一米八几还学过舞蹈的奇葩男生,是被无数人描述成没脾气的呆头鹅,是只打游戏少女心却完爆我们这群妹子的文科男。但是毛毛同学不弱，我就特别喜欢看班里的男生惹他，他站起来像掐一只小鸡那样掐住他们脖子的样子，太有意思了！

最后再借用毛毛同学站在讲台上的话说一下吧："我叫陈晓瑞，今年十八岁。"爆炸的少女心让我甘拜下风。

我想毛毛同学是我迄今为止见过的最富少女心的人，没有之一，比同学家那个编手链、给同学买小皮筋的弟弟还要有少女心。

毛毛从小到大读书少，高三后坐在我旁边总算有了一点儿起色，我看什么他跟着看什么，当然他最喜欢看《中学生博览》页边的笑话。毛毛同学跟别的男生不一样，别人是指名让我带余华的书，说亦舒的小说看得多了越来越像女人了，而毛毛拿着6月《中学生博览》说："对，就这本好看，初恋主题的，多有意思啊。"

可是看就看呗，毛毛同学的少女心却给我带了深深的伤害。

那天我快睡着的时候，毛毛咚咚咚敲响了我的桌子，我一转头看到他手里的7月合刊，秒懂了他看到的亮点在哪里。

果然，毛毛同学一脸兴奋神秘地对我说："我发现了一个秘密！"

不就是我喜欢过一个跟我关系还算不错的男生几天吗！上课被敲桌子，又被他那副模样吓一跳，再也睡不着了好吗!

不过转念一想，其实是我大惊小怪！毛毛同学是谁呀，某个月黑风高的夜晚（其实就是学校停电了）大家一起在朦胧的夜色中等待放学时，毛毛逆光面对我说："给我说说你的情史吧。"

如果在漫画里，一定有个少女吐血的场面，然而现实是，我沉默了一秒："我不是说过了吗？"

"你再讲一遍。"

我这么说毛毛同学，好像他是个从没有恋爱过的青涩的男生一样，可是毛毛同学直白的话让我大跌眼镜。

据毛毛爆料，他遇见过三个女生。一个是有好感的，一个是不好拒绝的，还有一个才是他真正特别喜欢的，叫璐璐。不过他比我还悲摧，三次都是女生提出分开，他默默答应。

毛毛提璐璐的次数好多好多，我却根本不知道他们发生了什么事。毛毛同学对女生一无所知，他很心酸地说："就那么一次对一个女生特别好，最后还是分开了。"

毛毛特别单纯，他不知道两个人在一起的时光该做什么，连牵手都不好意思，那么大个人，每天做的事就是聊天，QQ从早聊到晚，还有给那个女生买娃娃，我猜是那种一人高的大娃娃，所以啊，植入一个小广告，喜欢娃娃的女生可以来找毛毛，说不定促成一场美好姻缘的同时还能让你家开个娃娃店哦。

璐璐比毛毛小两岁，不知道他们是怎么认识的，毛毛同学说璐璐大概初中毕业就不上学了，她说过要出去打工。我当然不知道过了那么久，看遍了外面广大天地的璐璐还是否记得毛毛这号小人物，但此刻正坐在教室里被班主任当着全班的面儿找碴儿的毛毛，还清楚记得那个女孩儿，腼腆地给我传纸条："就叫她璐璐吧，是她的小名。"毛毛和璐璐分开，至今少说也有两三年了吧。

毛毛同学没有惊天地泣鬼神、荡气回肠的故事，我却清楚记得他说过的一段话。

毛毛说，他最喜欢替她做事情，每次她让他帮忙，虽然就是很小的事情，他还是会很开心很幸福，做之前就在脑海中设想很多遍。

男生们大胆站出来，已经成年的你们有多少还会有这种少女心理的？所以啊，不管毛毛同学有多呆，我还是相信这样简单又干净的男生在未来会再遇见让他放在心里的女孩儿，并且她也愿意让毛毛一直住在她的心里，往后如星如月，夜夜流光相皎洁。

我特意在上面提了句毛毛同学被班主任找碴儿的话，就是为了给这半段作铺垫。

毛毛同学的脾气是真好，绝对不会生气的那种。我写过的人里，脾气最好的大概是Y吧，可是这人现在实在是太欠了，毛毛同学不呆萌不惹人烦，即使你用尽浑身解数损他骂他，他都会听完，无奈地说一句"醉了"。

反而是损他的人没兴趣了，老是醉了醉了的，酒喝多了吗？

可是某天，毛毛同学居然开始反抗了！对象当然是我们那个奇葩的班主任。

大课间，班主任对着毛毛在内四个聊天的男生说："我最讨厌三三两两聚在一起了，一人罚写一篇作文。"下课不能说话？这么神奇的要求我还是第一次听说，我真的以为班主任只是说说而已！

可是第一天的课上，班主任找碴儿找得前排的乖孩子们都看不下去了，第二天直接把毛毛同学赶出去写作文。

毛毛跳起来反抗："我就不写！"

班主任黑着脸："你给我出去。"

"我就不出去。"

以上版本仅仅是同学笑得喘不过气时的口述，我抱着作业本从楼上下来时看到的只是毛毛同学被拉去办公室的样子。

可是毛毛同学这次是真的反抗了！他在办公室里站了整整一下午，屁股对着班主任，不仅誓死不写作文，还反反复复在讲义上写，"我就不写作文我就不写作文！"这勇气，我真的很想采访一下是谁遗传的？

毛毛同学每写满空白部分就用修正带粘掉，然后继续锲而不舍地写。我去找班主任签出门条儿的时候特意伸头看了一眼讲义上厚厚的修正带，憋笑到内伤。咦？好像这个标题更应该叫作当呆萌遇见没脾气？

可是之后毛毛同学无论对谁又都恢复到了微微一笑的状态。

总之，认识毛毛同学是刷新了我三观的事儿。

毛毛是第一个跟我说他内心深处很希望被人爱的男生，瞬间雷得我外焦里嫩。他辩解道："是我说话诚实淳朴。"

毛毛同学之所以叫毛毛，是因为他太喜欢捋头发了，整天让我帮他借镜子，手一抽一抽弄头发是比吃饭还正常的事情。有时间我会去采访一下，作为第一个捋头发被找家长的男生，到底什么感受？

毛毛唱起歌像小鸡啄米，一下一下的，同学都不准他开口。我这种审美独特的人却觉得是有魔性的声音，天天逼着他给我语音唱歌。

这样的事说上一天一夜也说不完，所以最后就说最新的一件吧。

上个月我看毛毛很喜欢我有两本的六月《中学生博览》和大冰的书，反正要两本也没用处，好东西大家分享嘛，我全都送给了他。

第二天毛毛递给我一张宣传单，我以为他要我帮他扔掉的时候看到毛毛不好看的字："你喜欢谁的书，我这个月开销大，下个月送你一本。"

"你送我书干什么？"

"你都送我两本了。"可是那两本是我多买的呀！我笑完他太有礼貌了，就把这件事抛到了九霄云外。

直到刚才，毛毛说："书我就随便买了。"然后调皮地一笑，"不过我现在不给你，等圣诞节。"

我也一笑，呆萌的天性是没办法改的："圣诞节我正在外面艰辛地集训啊，你连我人影儿都别想见到。"

写到这里，我瞟了毛毛同学一眼，看着他圆圆扁扁的脑袋，突然不知道该怎么结尾了。毛毛说我写给某人的文章太煽情了，我很鄙视地看他，那时候还喜欢某某啊，不信你看，写给你的满满的都是吐槽和嫌弃。

可是不管是少女心也好，没脾气还奇葩也罢，不得不说的是，毛毛同学终究算个不错的人。最后啊，还是希望我能有勇气和这篇文章死磕到底，让毛毛同学发扬光大走进陌生人的眼睛，让他有朝一日啪地打开《中学生博览》杂志："我可是上过杂志的人！"

# 三毛，沙漠里的天堂鸟

——读三毛《撒哈拉的故事》

吴瑞特

跟随三毛的脚步，我好似进入了撒哈拉沙漠，看到了黄沙苍茫、落日孤烟，瞭望到了三毛甘守沙漠作窝，布衣白手起家。

沙漠中本是悲壮的灰调——与世隔绝、远离尘寰，白天酷热，夜晚酷冷，满是浩瀚中的残酷、落后、寂寞与贫乏。没有水，邻居们身上用布包裹着，散发着浓浓的体臭；没有知识，百分之九十的人都不知道自己几岁；没有正义，善良而美丽的沙伊达被人唾骂，对神灵的迷信让人害怕。但三毛与爱人荷西共同应对，融进了属于他们的"童话"。他们把那间简陋不堪的小屋布置得像沙漠中的世外桃源，他们做菜迎宾，行医施救，酒店贩鱼，逢巫引病，善待黑奴，保护人权……

生活在沙漠的日子里，有苦中作乐的温馨时刻：三毛把"粉丝煮鸡汤"称作"春雨"，引得憨厚的荷西接连惊叹中国美食的魅力；也有惊涛骇浪的生死考验，荷西在沙漠中遇险，三毛舍身救夫，奏响了一曲感人至深的"生死恋歌"。每个故事，都如沙漠绘图，印刻于念。三毛的父亲如此评价他的女儿："我女儿常说，生命不在于长短，而在于是否痛快地活过。我想这个说法也就是：确实掌握住人生的意义而活。"

《撒哈拉的故事》不只记载撒哈拉这片美好神圣的大地，也有血与泪。但孤独或是寂寞这类的字眼儿在整本书中几乎未曾出现，这是因为精神上的力量使三毛战胜了一切。三毛愿意帮助别人，她教人识字，为邻居们治病行医，却不被他们封建、落后的思想和行为所同化。她从踏足沙漠到离开，自始至终保持着心灵的纯净。

读三毛的文字，就像听三毛说话，就像小女人站在我们面前说着她生活里的趣事，说到兴奋处，甚至还会手舞足蹈，我们甚至可以从她的文字里听到她无所顾忌的笑声。她曾说："希望我的天空是一片永恒的蓝色。"她的大爱如一缕阳光带给了这片大地生机。她执着地坚守梦想，也播种梦想，分享梦想。她的人生虽如白驹过隙，却踏实、沉着。我常想一个人要勇敢到什么程度，才可以随心而去，固执地从温室里的花朵变成与沙共舞的大漠奇侠。三毛的心里或许早已驻进了一片沙漠，因此才能体会在荒芜里滋生的渴求才是最强烈最透彻的吧。因为骨子里自由的灵魂，三毛选择了流浪。她的伟大滋润了那片大漠，为我们奉献了一部诗意的栖居心语。

撒哈拉教会了三毛坚强和乐观。她看到一片干涸小水池旁尚有黄色小花挺立，便说："草芥在沙漠中尚且依水欣欣向荣，而我们为人者，环境的挫折一来，就马上低头，这都是没有了解生命奥秘的人所处的心境。"就是这样的三毛，一只盛放在苍茫大漠中的红艳的天堂鸟，一心向往不羁，终要飞回天堂。撒哈拉沙漠，诗意而苍凉，在三毛眼中：心安之处即是故乡。草木山川，日升日落，新生死亡，她把它们放入了心里。

# 腰花和汤圆

一个不留姓名的小仙女

1

我不喜欢吃腰花和汤圆,但她们是我最好的朋友。

腰花是个很开朗的女孩子,努力睁大眼睛看事物的时候就像一只好奇的松鼠,让人想要捏住脸蛋好好揉一揉。有的时候听腰花抱怨,看着她鼓起来的腮帮子,总会忍不住伸手戳进去,然后腰花会假装生气地噘起嘴却又被逗笑。

很多时候都觉得腰花不是朋友,更像被养起来的小动物,需要被人呵护、疼爱,而我们也乐于疼爱她,把她当做心里的宝贝。

第一次发现"腰花真的是个大宝贝"是在一次晚会

上。自从她报名独唱就整天听她说紧张,却从没在我们面前真的开口演唱。表演那天伴奏出了一点儿问题,刚进入第一个调就没了声音,但另一个悦耳欢快的声音令我们所有人惊讶——腰花自己打着响指唱完了一整首歌,一首 LEMON TREE 不仅让我和汤圆忍不住握住彼此的双手激动,更是让整个班级的人成为腰花的迷妹迷弟!而撩拨了我们的腰花红着脸跑过来问我们"唱得好不好",当然好了,好到想要绑在身边一直听她唱歌。

汤圆是个看起来和腰花性格完全不同的闷闷的女孩子。她喜欢瞪大眼睛看我们,真的就像一个汤圆,十分的软糯,几乎看不到她发脾气。

热衷调戏汤圆的我们经常买一包辣条递到她面前问她要不要吃,她在纠结一会儿后,就会小声嘀咕:"就吃一点点。"然后被辣得脸颊通红,泪眼婆娑地说再也不吃了。可下一次她还是会纠结一会儿伸出手拿走一点点放到嘴里,被辣到睫毛湿湿的。

这样的汤圆,在一群无辣不欢的川妹子面前,显得更软了。

## 2

总觉得腰花苦涩,汤圆甜腻,这不过是强行贴给她们的标签。

数学课上讲过，三角形是最稳定的形状。有人套用到友情里，起初我也十分相信，身边有一动一静两个人陪着，动可一起满操场跑，静可在自习室一起看一下午的书，可以说是很舒服了。

　　可是有的时候，人总想要打破这稳定的状态。

　　有段时间被人冤枉，家里也有点儿不顺心的事，可谁也不想说。大概是感受到了我的气场，喜欢下课找我轧操场的腰花慢慢不来了，买了辣条总留一份给我的汤圆也渐渐不问我了。我看见了她们眼里的担忧，可又假装没看见。

　　某一天沿着河边散心的我遇见了一起骑车经过的腰花、汤圆，听见她们嘻嘻哈哈的声音，想要叫住她们，却在听清她们说着我从未听过的、有趣的话题后悄悄躲进了旁边的店里。

　　她们两个人就足够了吧，很棒不是吗？

　　明明是自己选择了离开，却在日记里一味地埋怨腰花和汤圆的不主动，犯了错却不敢承认这大概是我的劣根性。

　　我看见了她们欲言又止的表情，却握紧了双拳假装一切不曾发生。


3

　　烫火锅的腰花和加入醪糟的汤圆异常美味，换个角度来看，一切又明亮起来，她们还在远处等我。

生日的时候收到了很多礼物，大多数都不是亲手交给我的，所以没拆开之前我也不知道是谁送的。前一天还在日记里斥责腰花、汤圆的我心里又隐隐期待：她们今年还会送我礼物吗？

虽然有些羞于承认，但每个节日我都悄悄地往她们课桌里塞上一张明信片，没有署名地写道：节日快乐，想念你。

我还是那么自私，还很矛盾。明明一字一句地讨厌她们、责怪她们，却又告诉她们我的不舍。

回到家以后迫不及待地躲回房间拆礼物，一个又一个，不断地猜测哪一个会是她们留给我的，让我有敢于承认自己的错误重新抱抱她们的理由。

礼物是什么我已经记不清了，但那两张明信片的内容还十分清晰。那两张我们一起在书店挑了一个下午的，曾说只送给彼此的明信片上，有腰花潦草的字迹和汤圆规规矩矩的字体：生日快乐。对不起，只敢这样对你说，没有勇气面对面地说出口。书店上新了，有你喜欢的书，还有上次没买到的明信片。我们一直在等你。

忘了那晚哭了多久，只记得打通电话后腰花不知所措安慰的声音和第二天汤圆抱着我用熟悉的软软的声音说："乖。"

4

　　腰花和汤圆一般不会相遇，而我是一个特殊碗，装下了这两样食物，她们如是告诉我。

　　我曾在日记里写：腰花和汤圆真的太不对了，为什么不找我，就因为我不说话所以不理我了吗？朋友还真脆弱。

　　可我也在下面继续写：是我告诉她们的如果我不说话就放我静静，不久就会好的。她们明明那么好，我却这么糟糕，值得做她们的朋友吗？

　　我在不断地找过错，差点儿错过。

　　当走出自我制造的怪圈，才发现那段时间是多么傻，不过还好，她们不曾离开。

　　每个人都有缺点，不喜欢你的人会放大你的缺点，然后告诉其他人你多么多么不好。

　　而喜欢你的人会包容你的缺点并发现你的可爱之处，然后告诉其他人你多么多么棒。

　　好朋友向来是应该看见你那些别人看不见的闪光点。

　　我一直觉得友谊是个奇妙的东西，我们不会像某些书里那样疯狂地吵架和好，更像歌里唱的：天长地久，细水长流。

# 鹿眠和多比一起走

鹿　眠

鹿眠认识多比那年，《哈利·波特》系列正在热播，鹿眠特别喜欢里面的一只小精灵多比，于是鹿眠就给这只狗起了同样的名字。

多比是鹿眠伯伯家的狗，伯伯家在乡下，每家每户都会养狗。多比不是什么名贵品种，就是普通的中华田园犬，但多比毛发长得特别好。鹿眠第一次见到多比的时候它还是一条走起路来有些晃晃悠悠的小狗，浑身毛茸茸的，像一团小肉球。见了人就兴奋地蹦过来，把小爪子搭到你鞋子上，满脸好奇，像是发现了新大陆一样。

那时鹿眠在镇上读小学，一年都没几次机会去伯伯家。可自从伯伯家有了多比，鹿眠就整天地盼着爸爸有什么事去找伯伯，这样她就可以和爸爸一同前去，她就可以和小多比一起玩了。

鹿眠再见到小多比时,是在两个月以后了,去之前鹿眠特地去小区外的便利店买了两根火腿肠带给多比。

两个月不见,多比长大了一倍,但还是那样肉乎乎的,毛发开始变得淡黄,不像小时候那样暗淡了,看起来神采奕奕,伴着稚嫩的吠叫,小尾巴晃得极其有力。

两个月的时间不见,多比居然也还对鹿眠有印象,鹿眠一下车,多比就凑过来,像是欢迎旧友一样围着鹿眠转了好几个圈。

爸爸和伯伯进屋,鹿眠就在院子里偷偷拿火腿肠喂多比。多比大多数时候都是低着头在院子里闻着地面打转,所以鹿眠总是把一条火腿肠掰成几小段,引诱多比过来陪她玩儿。多比总是抵不住食物的诱惑乖乖过来,鹿眠也总是趁多比低头吃火腿肠时偷偷摸它的头,久而久之,多比头顶的毛发被鹿眠摸得顺溜溜的。

鹿眠至今还记得那个温暖的下午,一只小狗在一个女孩儿面前开心地嚼着火腿肠,夕阳的余晖不小心落在了狗的身上,整只小狗像只小精灵一样,闪闪发亮。

那是鹿眠最喜欢的,温柔安静的时光。

时间真是个奇怪的东西,它会让万物衰老也会让万物生长。

秋高气爽,农家正值收割,爸爸想让鹿眠去看看收割稻子的景象,便带鹿眠回伯伯家。

风吹稻浪,稻香肆意。

还没到田边就远远看见一只淡黄色的狗站在收割机边上。

"多比!多比!"

鹿眠开心地跑过去,多比闻声回头,看到是鹿眠也开心地屁颠屁颠地跑过来,停在鹿眠面前,尾巴有节奏地左摇右晃。多比眼睛眯成一条线,弯弯的,微微张着嘴,半个舌头挂在外边。鹿眠摸摸多比的脑袋,多比的耳朵乖乖放平,整只狗温顺得不像话。

大人们在收割稻子,多比就陪鹿眠坐在田埂上。鹿眠会给多比讲故事,讲学校里的趣事,也向多比诉说烦心事。偶尔鹿眠也会唱歌给多比听,尽管听不懂,多比也会凑过来舔舔鹿眠的手掌心,或者是抬起脑袋盯着鹿眠摇尾巴。

多比是鹿眠最好的朋友。

在田埂上,鹿眠摸着多比的脑袋悄悄在多比耳边说心里话。

风听到了,跑过来扯扯鹿眠的马尾辫;稻子听到了,低着头嗤嗤地笑;天上的云朵也听到了,慢慢舒展开来,形状像鹿眠喜欢的棉花糖,也像多比喜欢的火腿肠。

多比眯着眼睛,鹿眠相信它也一定听到了。

多比和鹿眠都在成长。

每次回伯伯家多比都比上次见面长大些，鹿眠也依旧会偷偷攒几块零花钱给多比带上几根火腿肠。

多比和鹿眠一起走过很多很多时光。

直到2009的6月11日。

鹿眠把攒了一个星期的零花钱买了一大包火腿肠打算去伯伯家喂多比。

车在马路边上行驶，所有的风景如常。

快到伯伯家了，鹿眠在车里盯着那三层小楼，兴奋地把火腿肠从背包里拿出来，撕开包装袋，从里面拿出一小根。鹿眠从车窗望出去，多比听到车声应该从屋子里跑到院子外来了呀。

车子一停稳，鹿眠就急匆匆地下车，一把推开院子的大门，向伯伯、伯母问好后睁着眼睛巴巴地望着伯伯："多比去哪儿了？"伯伯蹲下来，看着鹿眠手里的火腿肠，"多比去了一个很漂亮的地方，那里有很大很大的草地很多很多的火腿肠。"他还告诉鹿眠，"多比睡在对面的山坡上。山坡上风景可好了，春天到了还有好多好多花和蝴蝶，多比最喜欢去追赶会飞的小昆虫了。"

鹿眠知道多比去了哪里，她不说话只是眼泪啪啪地往下掉。为了安慰鹿眠，伯伯带她去村口的小店里买了最贵的雪糕。

可鹿眠一口也吃不下，雪糕在炎炎夏日里融化，糊了她一手，甜腻的液体轻轻地握住她的手，像是安慰，又像是在逃跑。

鹿眠真后悔以前小气，总是只给多比买一根火腿肠，现在攒够了钱买了一大包却没有办法再笑着拨开包装塞到多比的嘴边霸气地说一句："多比乖，姐给你带吃的来了！"

多比啊，你去的地方一定有很多很多的火腿肠对不对，所以你才不愿意回来的对不对？

岁月斑驳。有些东西你以为会随着时间淡忘，可最后却发现只是被尘封在记忆深处不去触碰罢了。

有次鹿眠听伯母说起，多比还在的时候呀，天天跟伯母去田里，有次伯母的东西落在田边，回到家才想起来，赶紧回去找，匆匆赶到田边却发现多比正趴在伯母装东西的袋子边，一只爪子压在袋子上，见来人是伯母，才摇摇尾巴把爪子移开。

伯母说完后，顿了顿，叹了口气，轻轻说了句，可惜了。

鹿眠在一旁不说话，只是挑起伯母自家腌制的酸菜丢进嘴里，酸辣的感觉刺激着每一个味蕾，鹿眠的眼泪都被呛出来了。

后来啊……

鹿眠偷偷上过伯伯家后面的山坡，那里真的像伯伯说的那样，绿草如茵，野花遍地，树上的麻雀叫得很动听。

鹿眠以前很喜欢永远、一起走之类的词。长大点儿才发现人生那么长永远那么远，能一起走一段时光，哪怕真的只是短短的一段时光，都是值得珍惜和怀念的，多年以后，你再打开回忆的匣子，它都会在你的回忆里闪闪发亮。

鹿眠突然想起《哈利·波特》系列电影里，哈利·波特对多比说："你是一只自由快乐的小精灵。"

哈利·波特的多比是一只自由快乐的小精灵。

鹿眠的多比也一样呢。

# 同　桌

钟龙熙

我真的很讨厌她。

她人又胖又矮,脸上还有很多星星点点丑陋无比的雀斑,牙齿又黄又不整齐,头发又少还是油性的。瞧瞧,她的先天条件真的糟糕透顶了,更要命的是她在学习上也是万年吊车尾,人又笨又懒,贪吃又贪玩。

这些我都可以视而不见,最让我有掐死她的冲动是,整天为了省钱,中午去饭堂吃饭顺便打白饭回来当做晚餐。你问我为什么没有菜?别把咸菜不当菜呀。明明已经脸色土黄一副营养不良的样子了,还勒紧裤腰带过日子天天吃咸菜。然后天天上课的时候跟我抱怨肚子痛,下午回来洗头又一个劲儿地吐槽自己掉头发快成尼姑了。刚开始我还很在意,于是各种关心,久而久之,我一句"你少吃点腌制食品不就行了"就可以打发她,令之讪讪闭嘴。

我跟她说了无数回别为了省那点儿钱而把身体拖垮了,都被她一句"吃完这瓶就不吃了"搪塞过去,我一次又一次地傻傻相信。等见她在星期六休息的晚上逛完街回宿舍,臃肿的购物袋里藏着橄榄菜时,我知道我又被骗了。

她绝对是我见过的最疯狂的省钱神人,简直是在拿生命践行中华民族节约的美德。刷牙只挤绿豆大小的牙膏粒,文具东挪一块西借一样死活不肯买,人手一台的学习机和台灯她一样也舍不得花钱,会因为和别人买同样东西但是比别人的贵两毛钱而唠叨个三天三夜。

她活得这般拮据吗?我无从而知,只是偶然一次机会她跟我说,她的姐姐和妹妹都出去打工了,只有自己和一个弟弟还在读书,如果考上了省B学费太贵就不打算再读了。她和我说这些话的时候眼睛还是笑起来眯成一条缝,我看不到任何有关悲伤的色彩。

可是上数学课的时候,她的坚强的堡垒还是变得不堪一击,溃不成军。泪花滴在难度系数五颗星的导数函数上,在纸张上瞬间晕开一朵妩媚的水花。

有时候难过就是来得这么突然,让人猝不及防。第一次看见没心没肺的她流露出这样悲伤的神色,落差大得如果发电的话可以让全世界的核电站停工了。

我没有漂亮的语言安慰她,只是静静地陪着她,把老师讲过的内容认真做好笔记。一下课她就往厕所冲,等她两眼红红地回来时，我装作什么也不知道地把自己的笔记递给她。考上大学，对她而言，真的很重要吧。

后来我们复习立体几何的时候，证明面面垂直难倒了一大片学子，同桌也不例外。她快把头低到桌子上了，草稿本上是她烦躁的涂鸦，黑色的笔画延伸得像是没有尽头。我默默地把纸巾递给她，轻声说句："一切都会好起来的。加油！"

她还是个补刀帝，各种乱入的神回复。比如说，我们还在第三组最后几排时，某个午后，我慷慨激昂地各种赞颂我们这得天独厚的风水宝座如何宜居时，她一句"下星期我们就搬走了"，不仅很好地起到了破坏气氛的作用，还十分巧妙地把我们组正在喝水的女同胞逗得喷水了。

最讨厌她总是用一副现实主义的眼神看我，明明在努力的是我，明明懒得无药可治的是她。她看不惯我粉二次元，我不屑于她整天追玛丽苏剧。最可恨的是，她总喜欢一脸鄙视地打破我的幻想，一次又一次地把"起灵哥是个不存在的人"这种血淋淋的现实摆在我面前。我们不能因为没见过起灵哥就说他不存在，这么浅显易懂的道理她怎么就不明白呢！我们没去过日本，但我们能说它不存在吗？不能啊！

她无才无艺运动细胞又烂，还胆小内向，真是一枚无聊的人类。可是她善良，也许她一无是处，但是善良是任何人用钱都买不来的。在她嘟囔着自己睡眠时间不足我反讽她猪一样的属性，她也是安之若素一笑而过毫不计较。同一道题我给她解释了无数遍她还是一脸茫然，我不耐烦地骂她笨她也只会更认真地听我讲解。平时帮人打打水充充电等助人为乐的小举动也没少做，在周围人都质疑我要成为作家这个梦想时，一向认为不切实际的她也会破天荒地站在我这边为我加油助威。

梦想这种奢侈品，她说她一辈子大概都不会拥有。

我很想跳起来对她劈头盖脸地骂一顿，一个没有梦想的人只不过是会直立行走的动物。可是，她眼里流露的悲伤淹没了大半个太平洋，所以，我原谅她庸俗地行走在这世间。然后每天早上早读前我又多了一个任务，一本正经地用最激动人心的腔调吟唱："我们要有最朴素的生活，怀着最遥远的梦想，即使明天天寒地冻，路远马亡。"

除了眼前的苟且，我们还有诗和远方。同桌你听到了没！

虽然她懒得吃得睡得不懂得，我有时候又会暗暗佩服她的惊人毅力，每天早上坚持跑步，每天坚持抄英语课文，每天坚持留一节自修做她最不擅长的数学，还有每天坚持问问题。尽管她知道自己笨，别人讲到不耐烦冷眼看她轻声呵责她怎么这么笨时，她还是会赔着笑脸说："你再讲一遍好不好？"都道伸手不打笑脸人，又有谁想和这傻大妞斤斤计较呢？

听说每一颗珍珠在打磨前都是一粒貌不惊人的沙子，

我猜，她就是那粒不起眼的沙。生活在黑暗的角落里，自卑内向，不敢相信自己真的会成为万众瞩目的珍珠，可是她还是会像蜗牛一样一步一步慢慢往上爬。终有一天她会焕发出属于自己的光芒的。

和她相处这么久以来，让我感到温暖的是，她会很细心地告诉我办热水卡要注意的一些事项，会在我不舒服的时候握紧我冰冷的手，知道我不习惯住宿会在每次我回来或者她回来的时候大声喊一句"同桌"。明明整天贬我喜欢动漫这件事最狠的是她，可一有人说我的不是她就会本能地反驳。

"喂喂，说，你是不是我五百年前在河边浇水的那棵草，这一世来报恩了？"我坏笑地看着她跟杜海涛一个款式的眼睛，她一记白眼甩过来："你这句话说得比你说你是全班最帅的还没有说服力。"

地理老师是个临近退休的小老头，标志是戴着老花眼镜弯起嘴角笑得一副高深莫测的模样，讲课口头禅乱入让我们一年都不用怕没有槽点可聊。可是他的心却是越活越年轻，一把年纪了却喜欢旅游这种年轻人的活动。更令人羡慕嫉妒恨的是，他的足迹涉及了大半个中国，云南丽江古城，呼伦贝尔大草原，四川九寨沟，哈尔滨圣菲索亚大教堂，松花江，广西桂林……最重要的是连我家起灵哥守护青铜门的长白山也留下了他的足迹。

地理老师果真是宝刀未老，我同桌也不是吃素的，她指着屏幕上出现的蓝天白云还有草原就拍着胸脯信心十足地说："我将来要去那里工作。"

免不了嘲弄声四起，那又怎样，我们都不是陈欧，一样可以为自己代言。在梦想这条不平坦的道路上，最不缺的是白眼和质疑，我们能做的除了咬牙坚持就是低头向前冲。只有站上山顶，才有俯瞰众人的资格。

最让我感动的是，那时我处于低谷期，杂志方面我很多稿子被刷下来了，刚刚过去的月考成绩也是不尽如人意，本来就是去书店看书舒缓一下紧绷的神经的，结果一出书店门，雨就下起来了，阴沉了好几日的天，早不下晚不下偏偏我倒霉撞枪口上了。看着大雨席卷了这座小城，我真是哀怨的扫把星啊。

我站在一个屋檐下躲雨，可是雨越下越大，飘进来的水汽已经无情地打湿了我的衣裳。有时大风疯狂地搅动雨帘，不仅会打湿我还激起我一层层鸡皮疙瘩。我翻着通讯录，猜想着现在会有些什么人还待在宿舍里，不抱太多希望的我发了条短信给她，没想到几分钟后她就出现在马路对面的学校后门了。雨下这么大，没想到她还会出来接我，不枉我们同桌一场啊。

她小心翼翼地躲过车流，看到我一副落汤鸡的落魄样儿就唾沫飞星地使劲教训我，什么以后出门要带雨伞啊，什么回去要马上洗热水澡啊，我点头如捣蒜不停说是，以表示忏悔之意。

骂着骂着，她抬头看着我的眼睛，忽而忍不住就笑了。在青春这场雨幕里，没伞的孩子都要学会努力奔跑。

不知道你是不是也曾遇到过这样一个同桌，毛病缺点一箩筐，琴棋书画样样不精通。明明很讨厌她，却会被她的一个小举动温暖，然后缴械投降。她可以很滑头也可以很善良。她总是一副现实主义悲观厌世的姿态，却又在心底藏着遥远的地方。或许她在你的人生中扮演的只是一个不足挂齿的过路人的角色，但是那些同桌的时光却怎么也抹不去。

**翻滚吧！同桌。**

未来，我们要一起努力。

# 我有一个长得很帅的闺密

李 殿

小燕子特别喜欢在我身上最没肉的地方掐上一把，笑不露齿小声嘀咕着说："他是谁？怎么从没见过？"接着小燕子瞧准时间抓着我的手离开，最后她盛气凌人地叉着腰说："不许早恋，懂吗？"她的碎碎念模式一打开，我默默玩着手机，可脑海里又开始放映一部"致青春之小燕子的疯魔"。

## 1

由于本人看起来柔弱，细数一下这些年来我的那些女闺密，发现她们不管是言行还是举止都很爷们儿，而且有极强的保护欲，而小燕子则是其中当之无愧最具男子气概的御姐。她的口头禅是"爱妃，快来朕怀里"。而我则捏着嗓子说:"不要,快给我太妃糖。""给。"然后我就小鸟依人屁颠儿屁颠儿地跟在她后面替她端茶送饭。

有一次夜晚,我给她送衣服。我在宿舍的六楼,她在楼底,那天我喉咙十分不舒服,基本发不出声音来,而小燕子则活力四射地在下面说:"快扔我这边来。"

她见我迟迟没有行动,脾气有点儿冲。我深知已经"触犯圣上",但也不知道该怎么说,因为根据物理学,不出意外这衣服应该会掉进楼下的臭水沟里,小燕子姐姐是出了名的近视眼,此时的她愣是没看到她前面不远处有个小水沟。我们的对话在静悄悄的夜晚里变得如此清楚明了。

"爱妃,快扔下来,不然我打你进冷宫。"

"爱妃,别玩了,朕给你买'爱疯',好吗?"

"爱妃,你要朕亲自……"她话还没说完,隔壁的男生宿舍有一个汉子就捏着嗓子说:"哎呀,臣妾好怕呀。"

"你再说一遍试一试。"

"臣妾好怕呀,你这个奇葩,哈哈哈哈。"一群男生开始起哄了。

接着我就看见小燕子气呼呼地冲进男生宿舍。隔天,我看着同班的小林子鼻子挂彩了,原因是小燕子同学找那群男生理论时,误伤了来拦架的小林子,详情天知地知他们知。

## 2

第一次见到小燕子是在一个停了电的夜晚,放眼望去,操场上时不时闪出光,走廊上到处是往栏杆那边挤的学生。夏天的夜晚凉飕飕的,直冲后背,我是在向楼梯最后几个台阶一脚跨下去时踩空的,压到人的第一反应是"对不起,我夜盲"。

"咦,你的项链在发光?"

"哈?"

"你的项链在发光。"对方又重复一遍。

"这个是琥珀,人工树脂做成的,戴了一年多,出了校门饰品店有卖,一个二十五……"说实话,我也不知道为什么对一个陌生人讲那么多话。

"行了,我知道了,你可以从我身上起来吗,你的膝盖压到我手了。"

"啊,对不起呀……"感觉到对方吃痛的表情,连忙从她怀里爬起来,然后傻乎乎地在月光的映照下看她拍身上的尘土。

都怪那天的月光太美丽,才会心想着"这人长得也太帅了"。

再次见到小燕子时,她正溜进我的班级气势汹汹地说:"妹子,你有剪刀吗?"

而我却紧张地从书桌里翻找出一把小刀护在胸口上说："你要干吗？"

后来，就和小燕子莫名其妙地成为朋友，原因是她那天中午睡觉时头发被男生偷偷用胶水给粘了，小燕子一生气就暴走大半个走廊只为找到一把剪刀剪掉被胶水黏住的头发，而我刚好提供了一把小刀给她，当然我的胆小怕事也被小燕子整整嘲笑了一个月。

3

得知小燕子网恋的时候，我就像踩着风火轮似的冲去她班级。

我敲了敲小燕子的桌子，小燕子抬起头来露出黑眼圈有气无力地说："爱妃，有事启奏，无事退朝。算了，来人把爱妃拖出去，朕要就寝。"说完，双手呈无力姿态，头向下就此不早朝。

小燕子开始过着木心先生所说的那种"从前的日色变得慢，车、马、邮件都慢，一生只够爱一个人"的生活，放学后会偷偷跑到学校的电话亭给她在一中的男朋友打电话，我经常在她旁边帮她留意老师。大冬天的，小燕子衣服穿得单薄也不怕感冒，直到有一次我真的重感冒了，鼻涕一直流个不停，小燕子在电话里激动地回了一句："我政治老师说了，没有四大件，就不要谈恋爱。""啪"的一声，就把电话挂了，霸气地拽着我的手去买感冒药。

后来我问："哪四大件？"

她挥一挥衣袖，我谄媚地扶着她老人家，许久她缓缓地答道："暖气、Wifi、'爱疯'、席梦思。"再后来，终于知道她和她男朋友分手的原因有两个：一是因为被她爸妈撞见她偷偷写信给男朋友，信的内容很肉麻，小燕子她父母笑了一整个早上也没止住；二是小燕子网恋奔现时她男朋友压力很大觉得她长得太帅了，轧马路牵牵小手时都会接收到无数腐女的关注，所以直接和平分手了。

不过她的失恋倒是足足进行了一个月，现实版的《失恋33天》：周末一个人去草莓音乐节从早上到夜晚听了一整天的民谣，最后在宿舍高烧请了好几天的病假，期间我给她跑上跑下地买药，在寒风中看着她像个傻瓜似的把前男友写给她的情诗一首一首地撕掉。我第一次意识到小燕子也是个女孩子，会难过，会执迷，但更多的时候是个会佯装坚强的女孩子。

小燕子连谈恋爱和分手都能那么有魄力地走在我前头，高中时代的我打从心底崇拜我这个闺密，有时甚至会产生一种"小燕子，你慢点儿飞，等等我"的想法。

4

小燕子留学那段时间，深夜我一个人在医院挂点滴，她神秘兮兮地和我网聊说:"我今天看到一个故事,就是一个士兵和他的好朋友约定,他们两人不管谁先离世,活着的人要身穿连衣裙出席对方的葬礼……"再后来,她和我网聊到早上,点滴打完了,手机也自动关机了。某一天,我突然想起她讲的这个故事,上网查了下,看到那张士兵穿着黄色连衣裙、粉色靴子失声痛哭的照片,而他的朋友已经在阿富汗巡逻时不幸被炸死,我莫名地就哭了。后来我问她怎么那天给我讲一个这么难过的故事,她说:"不就是怕你烧糊涂了,你的血就这样哗啦啦地倒流进吊瓶里。""喊,听你瞎掰。"

再后来她回国,才知道她讲故事那天刚被持刀抢劫。我听完后,一巴掌下去,就差没把她的腰给对折掉。

如今的小燕子已经是个大女孩儿,不知道是不是因为她这些年开始注重打扮,还是因为在我的同化下,她变淑女了,而我在她的同化下也变得坚强起来了。我和小燕子作为朋友,总是能互补。她急躁,我慢性子;她做事勇敢,我怯懦;她成熟,我幼稚。不过,不管怎样,她那么优秀,我也得努力向她学习。我想,好的友谊大概就是互相勉励前进。

最后我和小燕子约定好了,以后参加对方的婚礼必须送四大件,当彼此孩子的干妈。

## 家在远方

# 家 在 远 方

骆 阳

无论什么时候，难过抑或是有好事要分享，我都会想到那个地方。它稀释我的无助和绝望，它分享我的喜悦和成功。于是走多远的路都不怕了，因为我有个累了就可以回去的地方。

### 采蘑菇的小姑娘

星期六下午，我拨通了小芳的电话，问她在干什么。她嘻嘻哈哈地说，清早出发去山里采蘑菇迷了路，刚刚到家。

9月中旬，正是老家采蘑菇的好时节，一场清透的秋雨过后，榛蘑、灰蘑、黄蘑等各种蘑菇一股脑儿地钻出土地，个顶个稀罕人。打我记事起，这个时节一到，每天早上小芳等露水退去就会背上比她还大的背筐去山林里。有的时候满载而归，各种蘑菇一应俱全，背筐里的黄蘑泛着嫩黄的油光，我总是拿一两个轻轻抚摸。有时候仅仅只是采了那么几朵，我能从小芳的脸上看出一丝沮丧，她沉默着走进厨房，忍受着一天的劳累和空手而归的小失望。

而就是在这样一个平凡的早晨，小芳背上一年比一年大的背筐去山里采蘑菇，迷了路。她一开始并没有慌，她想着我可是老跑山的了，怎么可能丢，按照直觉来，一定可以回到家。但是几个小时过去了，小芳并没有找到回家的路。小芳做好了最坏的打算，如果那天走不出去，那晚上就靠着大树睡，明天继续，所以她饿了也没有吃早上带的两个煎饼。过了一阵子，小芳听到不远处有拖拉机的轰鸣声，于是闻声而去。拖拉机司机告诉小芳，她都来到石嘴子（离小芳所在村庄很远的另一个村庄）了。拖拉机司机把小芳载到镇上，小芳又坐客车回的家。

听到小芳说在山林里迷了路，我既生气又担心。我说，你走那么远干啥，在附近采点儿就行了，还好遇上了拖拉机，要不然可太吓人了。老家的山林里，现在仍有老虎和熊瞎子等野生动物。

小芳跟我说，她以后不去那么远了。

我说，去采那玩意儿干啥，卖不了几个钱。不过说完这句话我就后悔了，很显然，小芳采的并不是蘑菇，而是回忆或者其他一些无法言说的东西。

老家把采蘑菇叫捡蘑菇，在乡亲父老看来，没有经过春种夏管得到的东西，都是偏得的，就像捡钱一样。

　　五十三岁的小芳，在初秋，待露水干去，背上带着补丁的背筐，走进茂盛的森林……在捡蘑菇时，她会想起什么呢？

　　想起很多年前，她还没有白头发，她还很硬朗，她牵着儿子的小手走进森林，儿子累了的时候，她让儿子在一棵大树下等着，别乱跑。她时不时喊，强强。儿子回道，妈。娘俩用这种方法来确定彼此都没有走远走丢。

　　而现在，儿子不在她身旁，她走丢了。

　　想起很多年前，她把卖蘑菇挣来的钱，塞到儿子的书包里，让儿子去买水彩笔，她不希望儿子当画家，水彩笔只是儿子想要的。

　　而现在，儿子已经考上了大学，远走他乡。儿子曾经跟她说过，你养我，不就是为了防老吗？她没有说话，低着头，往儿子最爱吃的一道菜——辣椒炒肉里放盐。

　　不过，采蘑菇的小芳，你放心，在儿子心里，你永远都是最美的姑娘。

## 奶奶的手

　　自打懂事起，我就特别讨厌爷爷奶奶，因为他们对我妈很不好，总觉得儿媳妇是外人。

高中时代，周六周日回家，妈妈总逼着我去看看爷爷奶奶，大多时候我都拒绝了。

高考结束后，妈妈又找我说了一次，她说爷爷奶奶虽然对她不好，但是这跟我没有关系，孝敬老人是我必须要做的，而且不需要任何理由。

我渐渐想通，每当晚上吃完饭，就去爷爷家坐一会儿。

大多数时候，星空璀璨。爷爷不厌其烦地给我讲十七岁只身一人闯关东的他、满洲里煤矿肥人的伙食和他一个人夜晚行走过的广阔的大草原。奶奶则坐在一旁，笑而不语，满是皱纹的脸上有厚重的安详。我累了，便会跟爷爷奶奶说，我回家睡觉了。有几次，走到大门口，看到爷爷奶奶还望着我。

临上大学的前几天，奶奶买了几棵人参，她忍受着蛇胆疮的折磨，仔细地处理人参上的锈，然后一棵棵洗净，晾干。临走前一天，奶奶把人参交给了我，我不经意看到了她的双手。奶奶的手干枯、皲裂，像枯树枝一样丑陋。我转过头，看到夜幕低垂。

那一天，爷爷去镇里的集市买了排骨，打算炖给我吃。我说我来炖，爷爷说让我歇着。奶奶朝爷爷吼道，让强强炖吧，你炖的死难吃。

炖好了排骨，奶奶单独盛出了一小盆，让我回去和妈妈一起吃。爷爷说，强强今晚你在这儿吃。奶奶说，他明天就走了，你让他和他妈团圆一下吧。爷爷说，不行，在这儿吃，他们都团圆一个假期了。

奶奶顺从了爷爷，这是很稀奇的。奶奶最近几年精神有些反常，总是跟爷爷打仗，谁的话都听不进去。唯独在我的面前，奶奶才静默安宁。我考上大学后，奶奶逢人便说我孙子考上了，本科！虽然奶奶并不知道本科是什么意思。

那天的星空，格外璀璨，我和爷爷奶奶很久没有一起吃饭了，爷爷说了很多从前的事。很久以前，家里还养人参的时候，爷爷带着我去深山里的小窝棚守人参，晚上我被不远处的狼叫吓得死死抓住爷爷的胳膊；秋天的时候，我和表哥跟着爷爷奶奶去地里收庄稼，我和表哥被冻得躲在老牛的肚皮底下……

第二天，我即将远走，去爷爷家跟爷爷奶奶告别的时候，爷爷偷偷跟我说，你奶奶哭了一早上。

我坐上客车的时候，又想起了奶奶的手，那双苍老的手。

那双手，不知多少次颤抖着打开红手绢，给孙子拿零用钱；那双手不知蒸了多少个让孙子狼吞虎咽的大馒头；那双手不知抹掉了多少眼泪——思念孙子的眼泪。

奶奶，孙子有什么不对的地方，您别放在心上，而我也相信，您不会放在心上。

## 家 在 远 方

大学已经不再是梦想，我一个人背上行囊，来到遥远的远方。

陌生的环境里，每天早上醒来，都会特别地想念家乡。奶奶给我带的人参，静静地躺在窗台上，沐浴清晨最先洒下的阳光。给妈妈打电话问最近怎么样，她会说，挺好的，不用担心，我又捡了不少蘑菇。我的家乡，在松花江支流牡丹江的江畔，那里土地肥沃，那里山清水秀，那里是人参的故乡，那里是个温柔至极的地方。

无论什么时候，难过抑或是有好事要分享，我都会想到那个地方。它稀释我的无助和绝望，它分享我的喜悦和成功。于是走多远的路都不怕了，因为我有个累了就可以回去的地方。

有首歌叫《松花江》，它是这样唱的：这是我的家乡，美丽的地方，松花江水，我童年的海洋，哺育我们成长，替我们受伤，松花江水，静静地流淌……

# 在每个星光陨落的夜晚

若宇寒

突然接到畅唯哥的电话，他说："我想在襄阳做话剧。"

"会成功的，我坚信，有需要我的，随叫随到。"我回答。

畅唯哥今年二十九岁，北漂一族。有经纪公司，在一些影视剧中有演出。去年因为话剧撞期，推掉了《花千骨》中孟玄朗一角。

我问他："后悔吗？"

他说："不后悔，话剧才是我的梦想。"

在这个越来越浮躁的社会，大家都在追逐快生活，快节奏。金钱、利益和地位，才是硬道理。我突然有了一丝感动，下定决心要帮助他做好这件事。

因为值得。

畅唯哥十年前在上戏就读表演系，七年前为爱情放下身段教课做老师，五年前毅然决定北漂寻找机会。可是多年以来，他从来没有忘记过初衷，一直在家乡推广话剧。

六年前的暑假，畅唯哥回到一中，成为了我们的表演课老师，那时我们还在读高一。上第一节课时他说："想演好戏，先做好人。"我一直记到现在。

畅唯哥把这件事情告诉大家，大家的第一反应就是质疑，不理解。

"小地方的人哪儿懂什么话剧。"

"没有钱赚，谁愿意投资啊。"

"搞艺术没前途，现在都朝钱看。"

……

质疑声此起彼伏。畅唯哥笑了笑，没有回答。

现阶段我们正在紧张地进行着前期策划，我负责宣传售票，畅唯哥负责舞台排演。做自己喜欢的事情，累也是值得的。

我想，时间终究会给出答案，我们要等。

小C是一个典型的别人家的孩子。因为成绩好外形优，所以身边很多工作机会，也有很多追求者。可是，我没想到这样的她居然会在我面前哭得歇斯底里。我晃动着手中的星冰乐，却不知如何安慰。

就读于某著名电影学院戏文专业的她,在大三时就独立编剧国产动画片并且上映,取得了不错的票房。可是这样的她,面临毕业却不知何去何从。四年大学,买单反,买镜头,买各种设备。因为要出席各大场合,要买包,买鞋,买衣服。除此之外还要交学费,生活费……各种开销数不胜数。

她说:"我就是觉得对不起爸妈,自己也并没有你们想象的那么优秀。"

我说:"小C,你知道吗?从小我就特别羡慕你,觉得你家境好、成绩好、长得漂亮,还有好多朋友,要不是我们的妈妈是闺密,我根本就不敢去认识你。可是直到今天我才知道,原来别人家的孩子也有烦恼啊。"

小C破涕为笑:"我才羡慕你咧,每天跟那些野孩子们打水仗、捉蚂蚱、玩单腿抓人、玩五步一回头,而我只能趴在窗前看你们玩儿。"

她说:"我一直觉得自己有不错的学历,也有过得去的能力。我一直在寻找更好的机会,寻找更好的人,却不知道,我错过那些机会,错过那些人,会成为我的终身遗憾。嗯,我决定出国读研,说是去锤炼也好,逃避现实也罢。"

"来,干杯。"两个傻瓜在星巴克里拿着咖啡碰着杯,却开怀大笑。

小C,你终于笑了,真好。

窗外，阳光煦暖。

阿奇是温州人，在襄阳长大，富二代，型男一枚。高中时期，就有不少无知少女被他迷得死去活来，我一直以来都俨然一个小跟班儿。阿奇大学学习表演，大二就只身北漂寻找机会。大四回来后一蹶不振。

"北漂真难。"阿奇直接灌了一瓶啤酒。

我说："你一帆风顺的人生里，总要来点儿小风浪，要不怎么能算是人生？"我一把夺过他手中的酒瓶。

"就你话多。"

是啊，我多羡慕你，甚至嫉妒你。你过得不好，我理应开心，可是为什么我现在却很难过。

离开大排档，阿奇把胳膊搭在我的肩上说："小寒，谢谢你，你这个兄弟没白交。"

我踢了他一脚："我这几年的小跟班儿总算没白当。"说完，两个人傻笑着在寒风中唱起了《老男孩》。

现在，我正在咖啡厅里打着这些文字，畅唯哥、小C和阿奇坐在我对面讨论着话剧剧本。看着他们，我掏出手机，咔嚓一声，留下了这个秋季的暖阳。

一起做喜欢的事情，真好。

# 最温柔的月光

阿　狸

## 1

暑假帮忙照顾家里生意，其实就是给客人倒倒水，卖卖饲料，常常会遇到一个叔叔开着三轮车来买猪饲料。番姐教过我几次他的正确称呼，但我总是记不住，由于车上总是堆叠着好几个鸡笼，因此我便称他鸡佬。鸡佬我不感兴趣，真正让我饶有兴趣的是每次都会随车的小男孩儿。

小男孩儿穿的衣服并不怎么干净，和我打起招呼来也不会像同龄人一样龇牙咧嘴地傻笑，而是心不在焉地点头，一言不发地坐下，但一双澄澈的大眼睛轻而易举地把他刻意装出来的大人般的成熟模样掩盖。他黑色的头发有点儿长，跑起来像是水草一样柔软灵动。

我还一度误会了他是鸡佬的儿子，觉得肯帮家里分担这一点挺像我，番姐听完就乐了："才不是呢，他俩同村，小男孩儿辍学了，跟车去市场卖鸡，每天能得到二十块的报酬。"

我惊讶的不是他那么小就辍学而是肯安分地干这份小工作。农村地区辍学率很高，有些孩子九年义务教育都读不完就吵着闹着要去珠三角打工，农村家庭一般比较困苦，父母给不了一个好的家庭环境也不相信读书能改变命运那一套，就只能随着他们。除了打工外，就是染染头发开开摩托泡泡妞打打架。而这个小男孩儿虽然有点儿痞子气，但干起活来那种认真模样挺让我受触动。

旅行后回家遇到他，火热的夏天里小男孩儿光着膀子，皮肤被晒成好看的小麦色，进门后不讨水喝，直接吃力地抱着一包八十斤的猪饲料像只鸭子一样摇摇晃晃地往三轮车方向走，然后乖乖地坐在副驾驶位置等待鸡佬回来。

他也曾乖乖地坐在教室里挺直小腰板又期待又紧张地等待着老师来上课吧。我把零钱找给鸡佬后默默去观摩番姐煮菜。

2

这让我想起了另一个小女孩儿。

小女孩儿不太喜欢她妈妈。还不到一岁就被送往外婆家，而且妈妈很少来探望她，要不是"妈妈"这个称呼恐怕小女孩儿会忘记这个女人有着那么重要的身份。

小时候看待这个世界的标准很简单，看到黑就是黑，白就是白，不会综合多个角度来评判。生活几乎处处都在提醒着小女孩儿女人不是一个称职的好妈妈。幼儿园里别的小伙伴有妈妈接送，而她只能坐拥挤的校车。每晚拥着她入眠的是外婆而不是妈妈。小学作文课上要写的《我的妈妈》，小伙伴们开开心心地写了好多，而小女孩儿犹豫好久后，还是用铅笔把"妈妈"这两个字涂黑，在一旁写上"外婆"两个字，最后被语文老师骂得两眼通红。念初中的时候她经常因为一些小事和妈妈吵架。她讨厌妈妈，讨厌这个不幸福的家。

在高考前一个月的时候，小女孩儿在"企鹅"上和我分享她的故事。

那段时间比较累，不敢轻易给意见，也不知道该怎么回复她，漫漫长夜里我只能简单发一个拥抱的表情却无能为力，但我并不担心。

因为我知道很多时候用不着想那么多，上帝会安排最好的结局。如果不是，说明还没到最后。

3

后来小女孩儿告诉我她妈妈生下她的时候才十八岁，

爸爸整天酗酒，为了以后的生活，妈妈只能外出打工。现在母女的关系已经好很多了，她也开始渐渐理解妈妈。她说她想做妈妈的英雄。

有时候改变不了的就尝试换个角度观察吧。

其实我们都没法选择一个怎样的家庭，无论是一个酗酒的留守家庭，还是一个贫困的农村家庭，暂时来说都改变不了。这个世界总有菩萨，总有妖魔鬼怪，就算我们做不了一个齐天大圣去改变你不喜欢的现状甚至去改变这个世界，至少还可以做一个齐天小圣，去听从如来佛祖的命令，被压在你认为的五指山一样的屋檐下。

五百年那么长，总会开出一朵小花爬来一只小蚂蚁飞来一朵蒲公英陪你说说话。

就如同小女孩儿懂得了妈妈背后的艰辛，最后当上了妈妈的小棉袄，虽然不太贴心，但至少两人能给彼此安慰；就像小男孩儿干活干得再脏再累但也没有埋怨过这个贫苦的家庭不曾给予他好的经济条件，每天"下班"后会在家洗锅洗菜等着爸妈干完农活回家，守着电视一起看珠江台七点档，把每个月挣来的钱帮补家用，一样生活得其乐融融。

这些又何尝不是一种生活的馈赠，如同挑灯流浪里最温柔的月光。

一切都会好起来的，真的。只要你肯去接受。再不济的，像洋姐说的那样，你拥有不了一个你要的家庭，但没关系，你还有机会将来给你的孩子一个美好的家庭。

# 非要山穷水尽，才能伸出援手

左　夏

前两天刷微博的时候，无意间看到张继科发了一条呼吁筹款的微博——"我教练女儿的同学，大家用爱心帮助这个小天使共渡难关吧。"下面附加三张轻松筹界面截图。我点进链接看了一下大概情况：十四岁女生，在北京十八中上学，白血病，前期治疗需三十万，筹款金额三十万。

但在微博下面的评论里，看到了满满的批评与质疑。

"敢问家里房卖了吗？车卖了吗？卡里余额为零了吗？你一个在北京有房有车的人在这里装弱势博同情，医生说三十万，你就筹三十万，请问医疗费用是一分钱都不打算自己出是吗？别把悲惨当卖点，比你穷苦的人家多的是，我们不会为你的不要脸买单！"

跟风附和者居然成千上万，一字一句直看得人心惊胆战。

是的，泛滥的善良只会造成更多的烂人横行于世，但是人性起码的同情心，怎么也找不见了呢？

对方只是一个求助者，一个附上自己的身份信息和照片、把家庭窘况公开示众、流连在病床和质疑讽刺之间惊慌失措的求助者。这个人既没有干什么伤天害理的坏事，也不是存心为损人利己，他需要帮助，所以他开口了。只要理由是成立的，他得到帮助就是合理的。旁观者有什么资格横加指责，还在不知详情的状况下就训斥对方厚颜无耻呢？

事实上，多的是我们不知道的事。

就像我一个家境比较富裕的朋友，某次跟我谈及她妈妈生病住院筹不出钱，我很疑惑，以她家的经济实力应该不至于此。她却告诉我，她爸爸去年生病去世，家里花掉了一大笔钱，前阵子哥哥做生意被骗，血本无归不说，还欠了一堆外债。现在是抵押了房子贷款给妈妈治病，曾经还一度潦倒到租不起大城市的地下室，跟妈妈挤在一张病床睡……这些，她从来不曾在人前透露，在别人眼中，她依旧是一个不愁吃穿的富二代，有着令人称羡的光鲜未来。

即使处境艰难，她也仍旧乐观懂事，并且从未向人开口求助。我心疼她的坚强，却也理解她的选择——若她开口筹款，讽刺和鄙夷之声一定盖过了同情和善意。骄傲如她，也拉不下自尊去做这种自剖伤口任人玩味的事，所以再难也咬牙忍着……

你看啊，哪有那么多一眼见底的贫穷，成年人的世界里多的是一戳即破的幸福泡沫，无人可诉，无人可解，只能选择打断牙往肚子里咽……

所以我更愿意相信，对方既然选择向社会求助，就必定有他不得已的苦衷。无论他看起来是富裕还是贫穷，也无论他是否在求助里说出了所有的际遇和难处。只要急需帮助的真实性可以确认，他所筹集的资金也确实用在捐助者所期望的地方，其他的，不要追问，也不必深究。给予对方起码的理解和尊重，毕竟，你是在做慈善助人，而不是当刑警抓人，不能错用了方式。

再者，难道非要山穷水尽，才能选择伸出援手？或许爱心的累积，可以使得一个原本幸福和睦的家庭，避免陷入因病举债的窘境；或许一点点的支援，就可以少看到一出倾家荡产的悲剧在身边上演……这难道，不比看到"千辛万苦筹到钱却回天乏力"的结局，更加温暖人心吗？

是的，我们敬佩那些自立自强无论身陷何种境地都选择独立承担的人，即评论里所说的遇到变故会先想着砸锅卖铁、卖房卖车，不到万不得已决不开口求助的人。我们可以要求自己成为这样的人，但对于那些选择求助的人，即使不理解，也不要口出恶言。

亲爱的，当我们选择伸出援手的那一刻，不就是在期待着喜剧收尾吗？

# 一个平静的夜晚

## 二　笨

回来的路上看见我们院里的狗子正在路边疯狂找吃的，估计是又犯什么错误兵哥哥给它断粮了。

发现我在看它之后，它一路围着我转，各种撒娇卖蠢也不想想它那立起来有大半个我高的体格其实看起来一点儿也不萌。我摊开双手给它看我没带吃的，它貌似不信，一路死缠烂打跟我到宿舍楼下。对着大铁门看了很久，良好的家教努力控制它使它没跟我进门，只是隔着铁栅栏可怜巴巴地看着我。

我回宿舍洗了个手，翻翻存粮。可惜，因为要搬家，什么零食都没有，最后的一包咸菜昨天也被我吃完了。我又不放心探头看了看，它还坐在门口望着我们寝室的方向。我一咬牙，取出昨天买的死贵死贵的一盒树莓，打算和它人狗平分。

看我又出来了，它激动地直摇尾巴。我扔给它一颗树莓，它嗅了嗅，没吃。

我：……这玩意儿好贵好贵的好不好？

我扔进自己嘴里一颗，示范给它怎么吃，然后满怀信心地再扔给它一颗，直接扔进它嘴里。

它嚼了嚼，又吐了出来。

我：……是可忍孰不可忍！

我一边吃着树莓，一边领着它往大门口走。它看我没有再给它别的食物的意思，便被路旁的小虫子吸引了。我翻了个白眼，打道回府。

没走两步，突然听见一声尖叫，伴随着妹子惊恐的"你走开，你走开"……

我回头。这家伙，在我这里讨不到吃的，又去"骚扰"一个出来打水的红衣妹子了。我慢悠悠地回去冲它招招手，对妹子说："你别怕。这是部队的狗，不咬人的。"

然后继续一边吃树莓，一边领它去找兵哥哥。

拐了个弯，模糊的夜色中看见了一个穿迷彩服的影子。狗子叫了一声，那边的兵哥哥吹了声口哨，它如同野狗望到了家，嗖地冲了过去。

……这个没良心的！

我狠狠地咬一口树莓，回寝室。

路过妹子身边，和她打了声招呼，说狗已经收回去了,不用怕了。妹子笑着说谢谢。我摆摆手表示不客气,继续往回走。不到十步,就听"哗啦"一声,一排自行车倒地的声音。

……今晚这是存心不让我回去啊。

我转过身去,妹子正试图扶起最底下的小黄车。我说太多了,你抬不起来的。把斜挎的小布袋包往身后一甩,咔咔咔扶起了五辆自行车。回头,妹子还在和第一辆搏斗。

我凑过去问怎么了,妹子指指车轮。哦,原来是第一辆的车蹬子卡进第二辆的轱辘里了。

如果此刻有人路过,就会看到这样一幅画面——在这个月色美好的夜晚,我蹬着一双特别特别仙的绣花鞋,身着一身特别特别仙的浅绿色汉服,刚洗过还没扎起来的长发飘啊飘。一手扶着车轱辘,一手抓着车蹬子,努力地往外拔。

真是个美好的夜晚。

最后妹子看着我沾满土和灰的双手,一直说谢谢你啊。我嘴上说着没事儿没事儿,心里却想,还好我是个女的,不然我真以为你是爱上我了在故意吸引我的注意力呢。

江山如此多娇,喵……

# 带我回家的猫

倪瑞琪

我想了很久,都没有想到一只合适的动物来形容他,直到看见脚边的那只猫,姑且就叫他猫先生吧。

今天是周日,也是猫先生高考前我最后的假期,我想,无论如何也要去看看他的吧。

所以我决定回到从前的学校去看看猫先生。于我而言这其实是个艰难的决定。不仅是因为要熬夜画完四张速写和一张色彩作业才能挤出空闲,还有就是不想偶遇那些所谓贵族学校里沾满一身铜臭味的"老师"。那里的一切都显得那么现实和物质,甚至连交朋友也是,要看你家境是否殷实,是否伶牙俐齿,是否与以后的利益相符,才决定跟不跟你玩。可惜那里的人们都忘了自己的年龄和本该有的纯真。

所以我不是很喜欢那个地方,但我仍然欣慰我的故事都与美好相伴,就像猫先生的出现一样,虽然刚开始并不怎么样。

我和猫先生真正认识是在一次家长会后，我妈带着我，我带着硕大的行李箱，我们仨像傻子一样待在学校门口。我问她："我爸呢？车呢？"

我妈从容地回答说："没来，不过有别的车来接我们，再等一会儿。"

其实我当时心里真是有一万个不爽组成的万马奔腾，因为我饿得前胸贴后背，中午十二点多了，往前推两顿，我都没吃。

终于有辆车停在我们面前，那是我印象中第一次看见猫先生。猫先生和他妈妈坐在车里，不过他很奇怪，一直缄默不语低着头对手机屏幕傻笑。所以在很长一段时间里，我曾一度认为我和猫先生只是萍水相逢，就像是那一顿饭，我简直是狼狈，吃得狼吞虎咽，毫无吃相可言，回家的路上也只有我一直在哔哩吧啦说个不停。直到听闻他和我同校时，才象征性地要了一下微信，当然猫先生也只是象征性地给了我一下，毕竟还对我设置了权限。

那个时候我初二，他高一。

在这之后有很长一段时间我都没有在学校见到过猫先生，只是每一次都会在父母朋友圈的饭局上见到。他去哪里了，我不知道，也不关心，直到初三快结束的时候我才在教学楼的窗户上看见他在操场上投篮的身影。

高中我继续留在了那所学校，猫先生也还在，不过我高一，他高二。

猫先生很高，并且帅气，至少在学校的表白墙上我看见好几条表白猫先生的消息。可再见面时猫先生又长高了，并且交了一个新的女朋友。后来陆续听别人说猫先生去年因为谈恋爱和大大小小的错误被学校开除了，被家里迅速送去了毛坦厂中学，交完四万多的学费，待了一天，又跑了出来；回家待完了一个学期，又回来了。嗨，真能折腾，真是少爷。

我妈时常跟他妈妈调侃猫先生多念了好几年书，他妈妈倒也从容，回答说："还不是为了等你女儿，带她一起回家，再留一年俩人一起毕业了，那不挺好。"虽然只是玩笑话，但觉得心头一阵温暖。

不过这么不靠谱的人，我一直都搞不明白我妈是怎么想的，让他带我回家。

可我不得不屈服于很差的自立能力。每次周假，猫先生都来找我带我一起回家。开始一路上气氛都很尴尬，我就负责拖着个箱子跟在他后面，他则走三步一回头。走那么快，不知道是不是为了向我炫耀腿长呢？

开学不久，学校的学生会开始出动，社团丰富，于是抱着去学习的心态，我加入了模联社。猫先生也在，并且是模联社的领导者。模拟联合国大会会场上猫先生冷静和睿智并存的发言让他在高中部火了一把，并且被推送去参加市里的模拟联合国大赛了。之后在辩论社夺冠又让他火了一把，那段时间几乎是走哪都能听见别人谈论猫先生。

终于我们的共同话题、共同朋友多了起来，一起回家的气氛也没那么尴尬了。父母的朋友圈还是照例聚餐，几乎每周回家那天我们晚上都会一起吃饭。不过有时候当我厌倦一桌子十几个人的嘈杂时，我爸也会带着我和猫先生一起去吃烤全羊。

　　尽管猫先生一直是走高冷路线的人，可有一次我却被他感动了。

　　好像那时刚入秋，空调吹得很冷，冻得我胃疼，直打哆嗦。猫先生女朋友去串寝找我玩的时候正好碰见，赶紧拿了件外套塞给我穿着。我让她告诉猫先生，放学的时候拿件外套给我带上。

　　下雨天，他妈妈来接的我俩，我们排队出校门的时候猫先生一直在发消息问我在哪儿，让我快点儿出去。说来讽刺，每个人都想快点儿走，但每个人都不愿好好站队，于是我们排队排了快十分钟，快走到学校门口的时候我发现猫先生正站在那里，淋着雨，手里拿着外套。我原以为他会在他妈妈的车里等我上车的时候再把外套塞给我，没想到他在门口等了那么久。我接过外套，他接过我手里拿不下的东西，我心里除了莫名的感动，也不知道该说什么好。

　　开始我觉得不靠谱的人，到最后，连追逐梦想的勇气都是他给的。

　　简单点儿来说，我不合群，也就是不参与同学间的是非折腾，不会睁着眼睛说瞎话。正因为不合群，很多人才敢向我吐露心扉，时间长了我有一点儿厌倦，厌倦他们永无止境地折腾自己所谓的"朋友"和攀比,从厉害的运动品牌比到世界前茅的奢侈品。简直是把生活过成了一出又一出的宫廷戏和谍战剧,这种事情看多了也嫌累得慌。

于是每天我脸上总挂着一副生无可恋的表情,觉得很没有意思。拿着父母辛苦赚来的钱去挥霍、坐享其成,毫无意义可言;再考虑到极差的升学率,我想离开那儿,但我没有勇气。

那个时候猫先生刚从外面校考回来。一回来他就很有感触,给我提了许多意见,说东说西的。他说出去一圈才知道外面的世界有多大,然后劝我一定要离开拘束我的地方。点开语音的时候,我妈恰巧在旁边。

于是在猫先生的帮助下和千辛万苦的无理取闹之下,我家里终于同意了我离开原来的学校。

相比之下,我更喜欢我现在的生活,因为我终于看见了梦想,以梦为马,可以带我去更好的远方。

你瞧,阳光温暖,故事依旧,不可逆转地还在发生着。

不知道多年以后我和猫先生会不会像我们的父母一样在觥筹交错中推杯换盏,聊着各自的生活,人生遥寄。

嗯,猫先生,高考加油吧。我今年其实有两个愿望,一个是希望自己美术省考的时候能考到自己没有遗憾的成绩,还有一个就是希望你能考得特别好,然后你妈妈能在聚餐中特别开心地向我们炫耀她儿子有多厉害。

# 记 阿 青

蒋一初

一年前第一次和阿青见面，1月的上海刮着大风，吹得人骨头都疼。阿青一边跟我打电话一边走向我，他穿着黑色羽绒服，肩上挂着黑色单肩包，像是从天际走来的使者。

我听说阿青的名字并不是在一年前，那是很早的时候了。阿青总是被大家称作"文艺阿青"或者"阿青男神"，百度搜索，甚至可以查到阿青的语录。我是从那时开始关注阿青的。阿青一定是个细腻的文艺青年，带着上海男孩儿的温柔。

其实我想象中的阿青与真正的阿青是不一样的。

阿青很高，一米八三，还有些胖。阿青并不是表面上的文艺青年，他没有瘦出棱角的侧脸，不会弹吉他，不怎么唱歌，在朋友圈里更新的动态也都是不加修饰的生活照。阿青也不会抱着单反,在上海的弄堂里拍早就被人遗忘的砖缝。因为他穷,他买不起单反。

在我的印象里,上海是一个无比繁荣的地方,有上海户口的人一定都非常非常潇洒。上海人吃精致的甜点,开跑车,用奢侈品。直到我遇见阿青,他是我的朋友中最穷的人。

读了五年高中依旧没有考取梦想中的大学,阿青将就念了一所大学,继续写他的文字。编剧本、拍片子也被提上了阿青的生活日程。阿青没有生活费,或者说他从不向家里要生活费,他花的每一分钱都是自己的,尽管穷,但心安理得。

暑假的时候,阿青让我录一个几秒钟的视频给他,他在拍一个关于老师的短片,整个后期结束恰好可以赶上教师节。阿青整个暑假都在一个学校当老师,是志愿者。他经常发动态,全是他当老师的喜悦。有学生写"我爱阿青老师",有学生画阿青老师,有学生主动把自己碗里的鸡排夹给胖胖的阿青老师……孩子们年纪小,字写得歪歪扭扭,但那一张张灿烂笑脸确实是无法复制的。我跟着他们叫阿青老师,阿青却说,叫我阿青老板,我要做老板。

这部片子拍得并不顺利,阿青除了自己什么都没有。他厚着脸皮四处找人借器械,为了别人能答应自己,做了无数跑腿的活儿。拍好了,没有专业的后期制作,阿青凭着自己三脚猫的功夫在老式电脑上完成了剪辑。视频被挂上了网页参加比赛,点击率颇高。这部片子的每一个光点都是阿青的心血。创意、拍摄、采访、录音、剪辑,全是阿青一个人完成的。他一无所有,凭着激情和热血做成了想做的事情。

这时候我觉得阿青是个非常文艺的人,一穷二白也挡不住满身光环。

阿青有些排外,偶尔会在朋友圈里抱怨没素质的外地人,他总是说上海早就不是上海人的上海了。我讨厌他这种骨子里的骄傲,因为我就是小城市里的人,向往又畏惧着上海。

直到阿青跟我详细地说明考试事宜,带我参加比赛,替我联系学姐交流。我问阿青:"你为什么这样帮我?我们又没熟到那种程度,我也不是上海人。"阿青说:"我愿意帮助志同道合的人,看见你,就像看见了几年前的我自己,你要比我更好才是。"

原来在阿青的脑海里,除了上海人和非上海人,还有志同道合者与陌生人。志同道合的人并不一定是文艺青年,有梦的,敢拼的,都是志同道合者。

阿青看上去五大三粗的,衣服总是那几件,不常换新的,但他却真真实实地拥有一颗极细腻、温热的心。

阿青爱猫,他是一个流浪猫收容所的志愿者。在他穷得一餐只能吃一个馒头、喝一碗稀饭的时候,依旧买猫粮喂路边的流浪猫。那条街的流浪猫都曾被阿青照顾过。

阿青极其宠爱妹妹，他说自家的妹妹必须得像小公主一样。就算再忙，每个周五阿青都会回家陪妹妹。给妹妹讲故事，带妹妹去游乐场，或者做妹妹的超大号的真人玩偶。我见过阿青的妹妹，除去飞扬的笑容，长相很普通。但就是那经常晒太阳的牙齿，让她成为圈子里所有人都喜欢的小妹妹。每次有人夸阿青的妹妹，我都可以想象阿青笑出来的深深的酒窝和璀璨的眸。

与阿青认识一年了，我不经常和他交流，我们都忙着各自的事情。有时候写好了散文我会发给阿青看，阿青的要求一如既往的高。

文笔太烂。

缺乏情感。

叙述枯燥。

每天看到这样的字眼我都会笑嘻嘻地接受，因为从一年前开始阿青就是这样评价我的文章的。一年后我再翻看以前的文章与现在对比，其中的进步只有我和阿青知道。

我很感谢阿青，他帮我把"瘦高、身材颀长、会弹吉他、爱低吟浅唱、会写矫情文字"的文艺青年拉下了神坛。我再也不用羡慕那些看上去是文艺青年的文艺青年，因为只有文艺青年自己知道，要做一个文艺青年，首先要勤奋和脸皮厚。当然，还少不了自始至终如琥珀般晶莹剔透的心。